ILR 국제어학연구소

2007년 11월 16일 초판 1쇄 박음
2018년 9월 20일 초판 7쇄 펴냄

펴낸이 | 황희재
펴낸곳 | (주)국제어학연구소출판부
출판등록 | 2010년 1월 18일 등록 제302-2010-000006호
(140-846) 서울특별시 용산구 원효로1가 51-18호
Tel | 02 · 704 · 0900 Fax 02 · 703 · 5117
홈페이지 | www.bookcamp.co.kr

편집 | 문성원 · 한정화
표지 디자인 | 성혜현
편집 디자인 | 성혜현
마케팅 | 김봉선
제작 | 조남교
ISBN 978-89-5911-076-6 13730

• 가격은 표지 뒷면에 표시되어 있습니다.

국제어학연구소 일본어학부 엮음

ILR 국제어학연구소

이 책의 구성

첫걸음

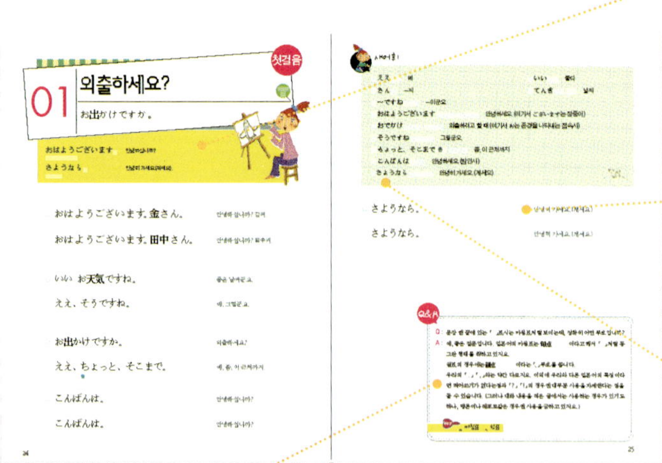

포인트 문형

그 과에서 배울 핵심 문형을 제시하여 정리와 더불어 쉽게 암기가 가능하도록 하였다.

대화

포인트 문형을 중심으로 이루어진 회화를 통해 학습효과를 배가시켰다.

새어휘

대화에 등장하는 어휘 학습 코너, 독자의 어휘 실력 향상에 역점을 두었다.

Q&A

독자의 질문 사항과 저자의 질문 사항을 통해 일본어 학습 능률을 최고조로 끌어올렸다. 학습 흥미 유발에 탁월한 효과를 자랑한다.

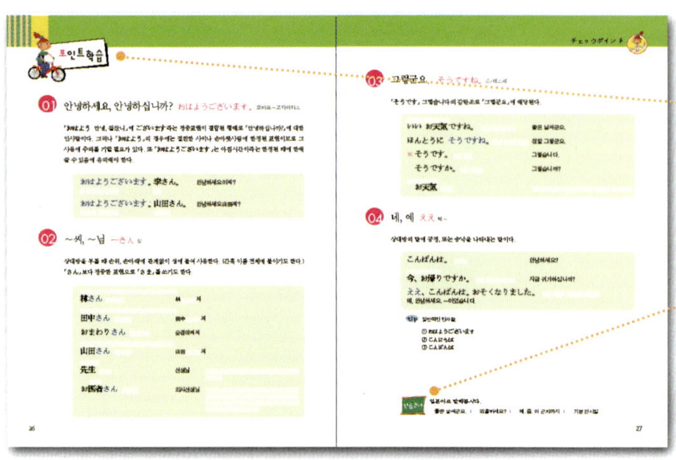

포인트 학습

풍부한 해설을 통해 독자 여러분의 일본어 학습에 풍족함을 더해주었다.

연습코너

그 과에서 배운 사항을 간단하게 체크하고 넘어가는 확인 연습을 마련했다.

회화

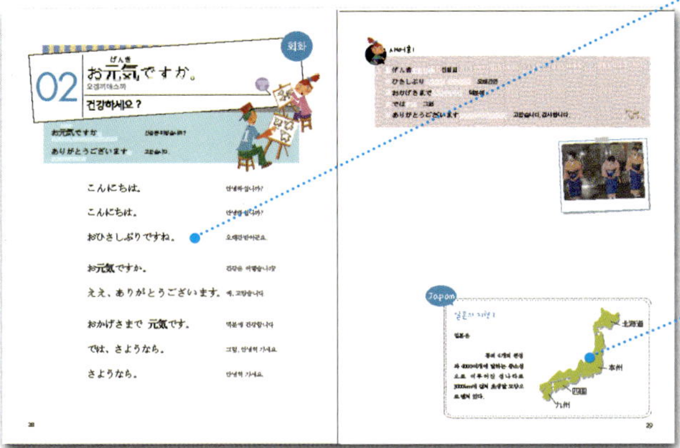

생활회화

제 1구성이 가장 기초적인 문형과 어휘를 배우는 코너라면 이제부터는 실전편이리고도 할 수 있겠다.
각종 다양한 장면을 제시, 풍부한 회화 경험을 쌓도록 하였다.

Japan

일본에 관한 각종 정보와 문화를 소개하고 있다. 이 책이 끝날 즈음에는 독자 여러분을 일본 전문가로 만들어 줄 것이다.

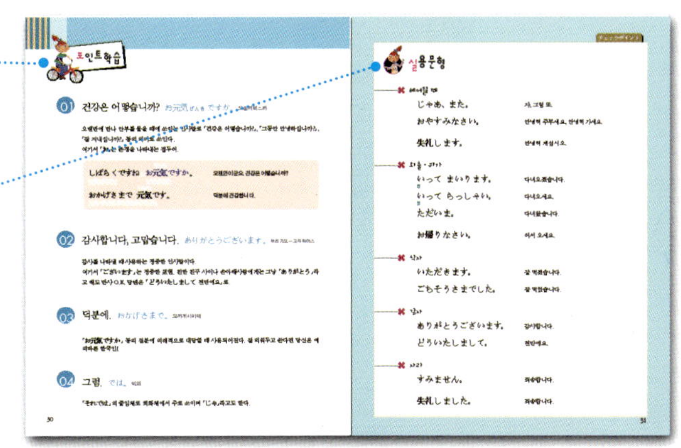

포인트 학습

생활회화에 등장하는 문법사항을 정리, 기본문형에서 미처 다루지 못한 부분까지 체크하였다.

실용문형

생활회화에서 미처 다루지 못한 실용문형을 제시 실용률을 높였다.

패턴연습

기본문형과 생활회화에 등장하는 문형을 정리하고 넘어가는 코너이다.

한자익히기

일본어 학습의 가장 난제인 한자. 즐거운 마음으로 익히도록 한다.

쉬어가기

잠시 쉬어가는 코너, 흥미와 재미, 더불어 일본어 학습에도 만점.
각 코너의 특징에 맞춰 학습효과의 장점을 최대한 살려 학습하길 바라는 바이다.

머리말

인터넷 등의 통신의 발달과 세계여행이 자유로와지면서 지구촌이 이제는 어디를 가든 한눈에 들어오는 듯 하다. 그 가운데 외국어 학습 열풍 또한 어린아이에서 백발이 성성한 노인에까지 거의 광풍이라고 해도 과언이 아닐 정도로 거센데, 영어를 제외한 외국어 가운데는 그래도 일본어, 중국어가 자연 그 주도권 다툼을 하고 있는 실정이다.

특히 일본어의 경우에는 일본 대중문화 개방과 함께, 과거의 취업을 목적으로 하거나 학과 공부에 필요해서가 아닌 순수하게 그 나라가 좋아 문화를 좀 더 알고자 하는 욕구에서 외국어 학습을 시작하는 이들이 늘어날 정도로 발전하고 있다.

여러분께서도 아시다시피 일본어는 외국어를 습득하고자 하는 이들에게는 비교적 쉬운 언어로 다가선다. 하지만 수많은 어학 교재들이 난무하는 가운데 나에게 꼭 맞는 교재 선택을 하기란 그리 쉬운 일만이 아니다. 또한 독학을 원하는 학습자에게 가장 큰 난코스는 하루하루 끈기있게 해나가는 지구력의 한계이다.

그야말로 대부분의 학습자들이 작심삼일로 끝나기가 일쑤인데, 이런 상황이다 보니 학습자들의 사정을 고려한 교재의 필요성을 느끼게 된다.

이 책은 그동안 독자여러분의 사랑을 많이 받아왔던 초보자 일본어 따라잡기의 개정판이다. 문법적인 사항들을 줄줄이 나열한 교재도, 그렇다고 문법을 배제한 단순한 회화 책도 아닌 쉽고 간결하며, 이해가 잘되며, 머릿속에 남아 바로바로 활용이 가능하게끔 한 교재이다.

내용 면에서는 우선 첫걸음 편과 회화 편으로 나누어 초급 교재와 회화 교재의 두 가지 역할을 동시에 하게 하였으며 시각적인 면에서는 시대적인 흐름에 맞춰 보기도 좋고, 눈에도 편하고 쉽게 들어오는 지면으로 만날 수 있도록 노력하였다.

첫걸음 편에서는 일본어 구사에 필수적인 문형과 그 구조를 이해할 수 있게 하였고 회화 편에서는 그 실용도를 높이고자 실생활에 등장하는 여러 장면들을 설정, 활용도를 배가하였다. 또한 한자와 패턴을 통한 문형연습도 할 수 있는 코너를 마련 독자여러분의 실력향상을 도모하였다. 또한 학습자가 놓치기 쉬운 부분은 Q&A코너를 마련하여 쉽게 익히도록 하였고 짬짬이 일본문화까지 살펴볼 수 있게 하였다. 책 속의 부록으로 일본어 펜맨쉽도 충분히 연습할 수 있게 상세한 설명으로 알차게 구성하였으며 한글발음을 달아 일본문자에 익숙해질 때까지 학습에 불편함이 없도록 하였다. 물론 문자를 빨리 익히신 분들이라면 한글발음은 무시하고 학습하시는 것이 좋다는 것은 말할 나위가 없다.

책만 거창하다고 학습이 용이해지는 것은 아니지만 원어민의 발음과 함께 차근차근 학습해 나간다면 소기의 목적을 거둘 수 있으리라 생각되며 그 과정에 이 책이 여러분에게 좋은 길잡이가 될 수 있길 바란다.

끝으로 이 책을 위해 애써주신 좋은글 가족들에게 진심으로 감사 드리며, 이 책을 통해 만난 독자여러분의 일본어 정복을 바라는 바이다.

차례

오십음도

● 히라가나

	あ행	か행	さ행	た행	な행
あ단	あ 아[a] あし 발, 다리	か 카[ka] かさ 우산	さ 사[sa] さら 접시	た 타[ta] たまご 알	な 나[na] なつ 여름
い단	い 이[i] いす 의자	き 키[ki] き 나무	し 시[si] しんぶん 신문	ち 치[chi] ちち 아빠	に 니[ni] にく 고기
う단	う 우[u] うで 팔	く 쿠[ku] くつ 구두	す 스[su] くすり 약	つ 츠[tsu] つくえ 책상	ぬ 누[nu] いぬ 개
え단	え 에[e] えび 새우	け 케[ke] けしゴム 지우개	せ 세[se] せんせい 선생님	て 테[te] て 손	ね 네[ne] ねこ 고양이
お단	お 오[o] おちゃ 차(녹차)	こ 코[ko] こむぎ 밀	そ 소[so] そつぎょう 졸업	と 토[to] とら 호랑이	の 노[no] のこ 톱

は행	ま행	や행	ら행	わ행	ん행
は 하[ha]	ま 마[ma]	や 야[ya]	ら 라[ra]	わ 와[wa]	ん 응[ŋ]
 はな 꽃	 まど 창	 やま 산	 からす 까마귀	 わらい 웃음	 でんわ 전화
ひ 히[hi]	み 미[mi]		り 리[ri]		
 ひ 불	 みみ 귀		 りす 다람쥐		
ふ 후[hu]	む 무[mu]	ゆ 유[yu]	る 루[ru]		
 ふゆ 겨울	 むすこ 아들	 ゆび 손가락	 くるま 자동차		
へ 헤[he]	め 메[me]		れ 레[re]		
 へや 방	 め 눈		 れいぞうこ 냉장고		
ほ 호[ho]	も 모[mo]	よ 요[yo]	ろ 로[ro]	を 오[wo]	
 ほん 책	 もも 복숭아	 よる 밤	 せびろ 신사복	조사	

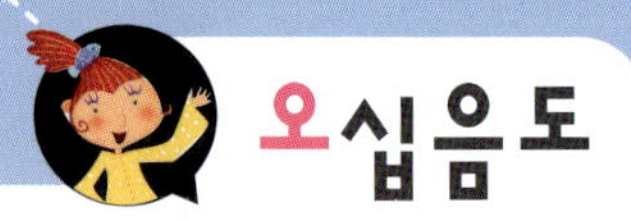

오십음도

● 카따까나

	ア 행	カ 행	サ 행	タ 행	ナ 행
ア 단	ア 아[a] アイロン 다리미	カ 카[ka] カクテル 칵테일	サ 사[sa] サッカー 축구	タ 타[ta] ダイビング 다이빙	ナ 나[na] ナース 간호사
イ 단	イ 이[i] インク 잉크	キ 키[ki] キリン 기린	シ 시[si] システム 시스템	チ 치[chi] チェーン 체인	ニ 니[ni] テニス 테니스
ウ 단	ウ 우[u] ウイスキー 위스키	ク 쿠[ku] クッション 쿠션	ス 스[su] スピーカー 스피커	ツ 츠[tsu] ツーピース 투피스	ヌ 누[nu] ヌード 누드
エ 단	エ 에[e] エアコン 에어컨	ケ 케[ke] ケーキ 케이크	セ 세[se] セーター 스웨터	テ 테[te] テレビ 텔레비전	ネ 네[ne] ネクタイ 넥타이
オ 단	オ 오[o] オレンジ 오렌지	コ 코[ko] コンピューター 컴퓨터	ソ 소[so] ソファー 소파	ト 토[to] トースター 토스터	ノ 노[no] ノート 노트

ハ행	マ행	ヤ행	ラ행	ワ행	ン행
ハ 하[ha]	マ 마[ma]	ヤ 야[ya]	ラ 라[ra]	ワ 와[wa]	ン 응[ŋ]
ハム 햄	マイク 마이크	ヤング 어린, 젊은	ライター 라이터	ワイン 와인	レーンコート 레인코트
ヒ 히[hi]	ミ 미[mi]		リ 리[ri]		
ハイヒール 하이힐	ミルク 우유		リボン 리본		
フ 후[hu]	ム 무[mu]	ユ 유[yu]	ル 루[ru]		
フライパン 프라이팬	けしゴム 지우개	ユーターン 유턴	ルーム 룸, 방		
ヘ 헤[he]	メ 메[me]		レ 레[re]		
ヘアバンド 헤어밴드	メロン 멜론		レモン 레몬		
ホ 호[ho]	モ 모[mo]	ヨ 요[yo]	ロ 로[ro]	ヲ 오[wo]	
ホット 뜨거움	コスモス 코스모스	ヨット 요트	ロボット 로봇	조사	

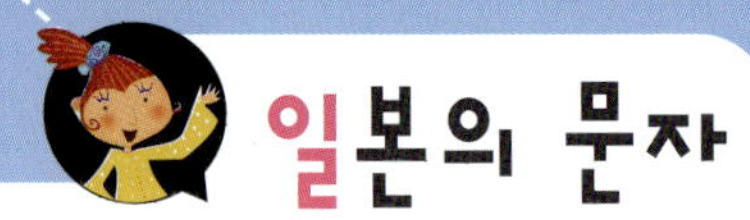

현재 일본에서 사용되고 있는 문자로는 ひらがな, カタカナ, 漢字, 세 종류의 글자를 혼용하고 있다. 그러면 이 세 종류의 글자에 관해 간략하게 설명하고 넘어가겠다.

1) ひらがな 히라가나

ひらがな 히라가나 는 平安 헤-앙 시대 귀족 여성들이 한자를 간략화해 만들어낸 쉬운 글자이다. 주로 여성들이 사용하였다 하여 「여성글자」라고 했으나 현대에 와서는 인쇄, 필기 등 모든 경우에 걸쳐 광범위하게 쓰이고 있다.

2) カタカナ 카따까나

カタカナ 카따까나 는 옛 승려들이 불전을 표기할 때 한자의 획 일부분을 따 간단하게 약기호로 만들어 쓴 글자이다. 현대에 와서는 외래어, 전보문, 의성어 · 의태어, 인명 · 지명, 동물 · 식물명 등에 사용하고 있으며 점점 더 사용도와 중요성이 커지고 있다.

※ **カタカナ** 카따까나 를 반드시 사용해야 하는 경우
외래어 표기, 전보문, 법령

강조 효과를 위해 사용하는 경우
인명, 지명, 의성 · 의태어, 동물 · 식물명 등

3) 漢字(かんじ) 칸지

新字를 쓰고 있으며 초등학교(소학교:일본) 996자, 중학교 949자, 총 1945자를 상용한자로 택해 교육을 하고 있다.

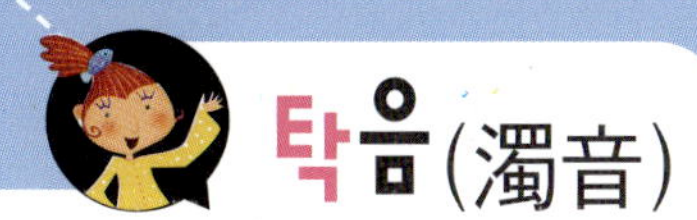

탁음(濁音)

✱ 탁음이란?

가나(かな)에「〃」(탁점) 표시가 붙은 글자를 말하며「か, さ, た, は」行에 붙는다. 성대를 울려 나는 소리로 우리나라에 없는 음이라 각별한 주의가 필요하다.

が행	が	ぎ	ぐ	げ	ご	ガ행	ガ	ギ	グ	ゲ	ゴ
	[ga]	[gi]	[gu]	[ge]	[go]		[ga]	[gi]	[gu]	[ge]	[go]

예 がいこく 가이꼬꾸 외국　　ガイド 가이도 가이드
ぐあい 구아이 상태　　ゲーム 게-무 게임

ざ행	ざ	じ	ず	ぜ	ぞ	ザ행	ザ	ジ	ズ	ゼ	ゾ
	[za]	[zi]	[zu]	[ze]	[zo]		[za]	[zi]	[zu]	[ze]	[zo]

예 すずめ 스즈메 참새　　ズボン 즈봉 바지
かぜ 카제 바람　　ジッープ 집-뿌 지프

だ행	だ	ぢ	づ	で	ど	ダ행	ダ	ヂ	ヅ	デ	ド
	[da]	[zi]	[zu]	[de]	[do]		[da]	[zi]	[zu]	[de]	[do]

예 まど 마도 창문　　デート 데-또 데이트
つづく 츠쯔꾸 계속되다　　ドライブ 도라이부 드라이브

ば행	ば	び	ぶ	べ	ぼ	バ행	バ	ビ	ブ	ベ	ボ
	[ba]	[bi]	[bu]	[be]	[bo]		[ba]	[bi]	[bu]	[be]	[bo]

예 ばか 바까 바보　　ビール 비-루 맥주
くび 쿠비 목　　ボーナス 보-나스 보너스

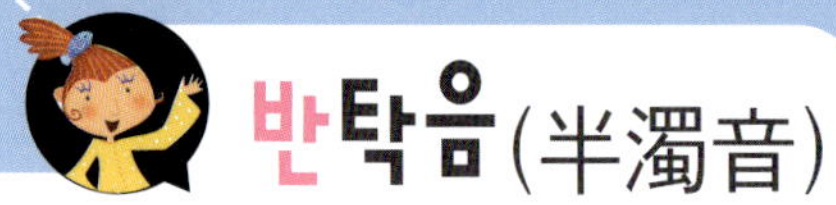

✱ 반탁음이란?

가나(かな)에 「゜」(반탁점) 표시가 붙은 글자를 말하며 「は」 行에 붙는다. 첫소리는 「파 · 피 · 푸 · 페 · 포」로 발음하고, 단어 중간이나 끝에 올 때는 「빠삐뿌뻬뽀」로 발음 표기한다.

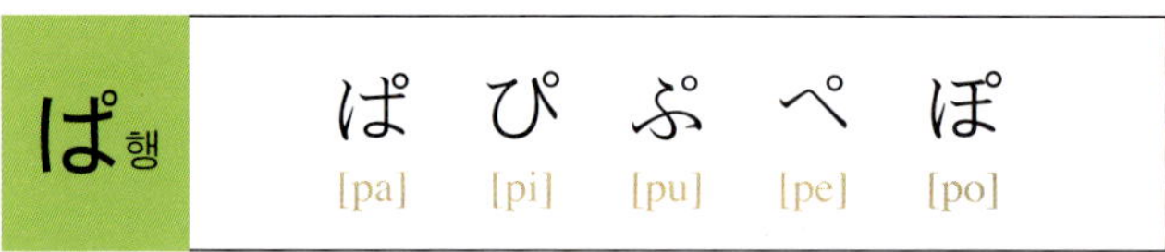

ぱ행	ぱ	ぴ	ぷ	ぺ	ぽ
	[pa]	[pi]	[pu]	[pe]	[po]

예 はっぱ 합빠 잎사귀
ぷかぷか 푸까뿌까 뻐끔뻐끔
たんぽぽ 탐뽀뽀 민들레
ぴかぴか 피까삐까 번쩍번쩍
ぺこぺこ 파꼬뻬꼬 몹시 배가 고픈 모양, 굽실굽실, 오글쪼글

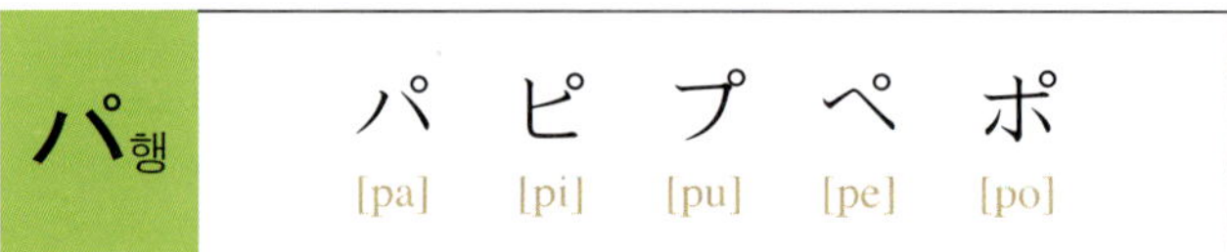

パ행	パ	ピ	プ	ペ	ポ
	[pa]	[pi]	[pu]	[pe]	[po]

예 パイプ 파이뿌 파이프
プール 푸-루 풀, 풀장
ポスト 포스또 포스트

ピアノ 피아노 피아노
ペダル 페다루 페달

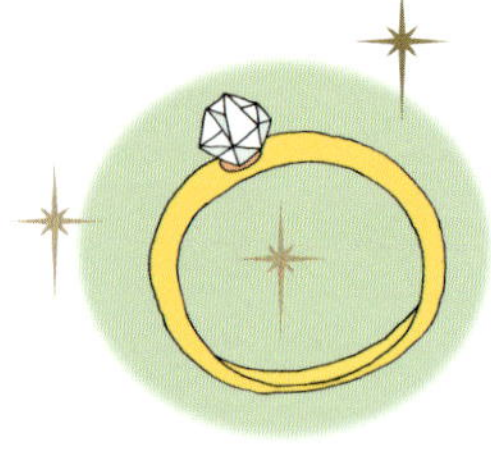
ぴかぴか 번쩍번쩍
피까삐까

フライパン 프라이팬
후라이빵

スピーカー 스피커
스삐-까-

요음(拗音)

✱ 요음이란?

자음의 「い」단 글자(き・し・ち・に・ひ・み・り・ぎ・じ・び・ぴ)에 반모음 (や・ゆ・よ)를 작게 결합해 한음절로 발음하는 것을 말한다.

きゃ kya	きゅ kyu	きょ kyo
しゃ sya	しゅ syu	しょ syo
ちゃ cha	ちゅ chu	ちょ cho
にゃ nya	にゅ nyu	にょ nyo
ひゃ hya	ひゅ hyu	ひょ hyo
みゃ mya	みゅ myu	みょ myo
りゃ rya	りゅ ryu	りょ ryo
ぎゃ gya	ぎゅ gyu	ぎょ gyo
じゃ zya	じゅ zyu	じょ zyo
びゃ bya	びゅ byu	びょ byo
ぴゃ pya	ぴゅ pyu	ぴょ pyo

キャ kya	キュ kyu	キョ kyo
シャ sya	シュ syu	ショ syo
チャ cha	チュ chu	チョ cho
ニャ nya	ニュ nyu	ニョ nyo
ヒャ hya	ヒュ hyu	ヒョ hyo
ミャ mya	ミュ myu	ミョ myo
リャ rya	リュ ryu	リョ ryo
ギャ gya	ギュ gyu	ギョ gyo
ジャ zya	ジュ zyu	ジョ zyo
ビャ bya	ビュ byu	ビョ byo
ピャ pya	ピュ pyu	ピョ pyo

おちゃ 차(녹차)
오쨔

そつぎょう 졸업
소쯔교-

チェーン 체인
체-ㄴ

クッション 쿠션
쿳숑

장음(長音)과 조사(助詞)

✱ 장음이란?

그 글자를 길게 발음하라는 것을 말하며 그 표시는 다음과 같이 한다.

01 「あ」단의 장음 → 「あ」

예 おかあさん 오까-상 어머니　　おばあさん 오바-상 할머니

02 「い」단의 장음 → 「い」

예 おにいさん 오니-상 형님　　おおきい 오-끼- 크다

03 「う」단의 장음 → 「う」

예 すうがく 스-가꾸 수학　　くうき 쿠-끼 공기

04 「え」단의 장음 → 「え」

예 おねえさん 오네-상 언니, 누님

※ 한자음인 경우엔 「い」를 붙임　　예 せんせい 센세- 선생님

05 「お」단의 장음 → 「う」(「お」를 쓰는 예외도 있음)

예 おとうさん 오또-상 아버지　　どうろ 도-로 도로

おおい 오-이 많다

✱ 조사란?

は・へ・を가 조사로 쓰일 경우엔 그 발음이 「와・에・오」로 된다.

예 これは[わ] 코레와 이것은　あそこへ[え] 아소꼬에 저기에　これを[お] 코레오 이것을

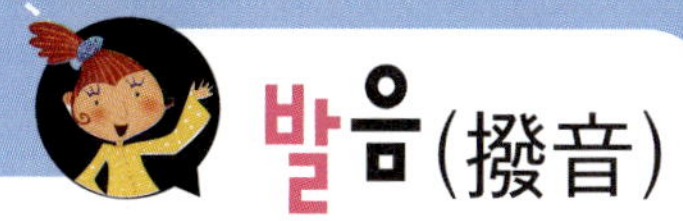

발음(撥音)

✻ 발음이란?

우리말의 받침과 같은 구실을 하며 어두에는 오지 않는다.
「ん」발음이 다른 음의 영향을 받아 [m] [n] [ŋ] 등으로 들리는 현상을 말한다.

01 ㅇ(ŋ)음으로 발음되는 경우 → ん+「か · が」행으로 끝날 때

예 かばん 카방 가방　　べんきょう 벵꾜- 공부

02 ㅁ(m)음으로 발음되는 경우 → ん+「ま · ば · ぱ」행으로 끝날 때

예 さんま 삼마 꽁치　　はんばい 함바이 판매
てんぷら 뎀뿌라 튀김

03 ㄴ(n)음으로 발음되는 경우 → ん+「さ · ざ · た · だ · な · ら」행으로 끝날 때

예 しんせつ 신세쯔 친절　　ばんざい 반자이 만세
うんどう 운도- 운동　　おんなのこ 온나노꼬 여자

04 ㄴ와 ㅇ의 중간음 [N]으로 발음되는 경우 → ん+あ · や · わ · は으로 끝날 때

예 れんあい 렝아이 연애　　ほんや 홍야 책방, 서점

みかん 미깡 귤

えんぴつ 엠삐쯔 연필

せんせい 센세- 선생님

ほん 홍 책

NEW
초보자
일본어 따라잡기

본문

01 외출하세요?

Track 01

お出(で)かけですか。
오데까께데스까

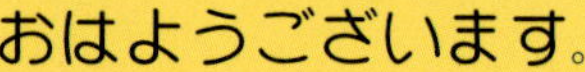

おはようございます。 오하요-고자이마스	안녕하십니까?
さようなら。 사요-나라	안녕히 가세요(계세요).

□ おはようございます。金さん。 오하요-고자이마스 기무상	안녕하십니까? 김씨.
おはようございます。田中さん。 오하요-고자이마스 타나까상	안녕하십니까? 田中씨.
□ いい お天気(てんき)ですね。 이- 오뗑끼데스네	좋은 날씨군요.
ええ、そうですね。 에- 소-데스네	예, 그렇군요.
□ お出(で)かけですか。 오데까께데스까	외출하세요?
ええ、ちょっと、そこまで。 에- 쵿또 소꼬마데	예, 좀, 이 근처까지.
□ こんばんは。 콤방와	안녕하십니까?
こんばんは。 콤방와	안녕하십니까?

- ええ(에－)　예
- いい(이－)　좋다
- さん(상)　~씨
- てんき(天気 텡끼)　날씨
- ～ですね(데스네)　~이군요
- おはようございます(오하요－고자이마스)　안녕하세요. (여기서 ございます는 정중어)
- おでかけ(お出かけ 오데까께)　외출하려고 할 때 (여기서 お는 존경을 나타내는 접속사)
- そうですね(소－데스네)　그렇군요.
- ちょっと、そこまで(춋또 소꼬마데)　좀, 이 근처까지
- こんばんは(콤방와)　안녕하세요. (밤인사)
- さようなら(사요－나라)　안녕히 가세요. (계세요)

□ さようなら。　안녕히 가세요.(계세요)
사요－나라

さようなら。　안녕히 가세요.(계세요)
사요－나라

Q&A

Q: 문장 맨 끝에 있는 「。」표시는 마침표처럼 보이는데, 정확히 어떤 부호입니까?

A: 예, 좋은 질문입니다. 일본어의 마침표는 句点(くてん) 이라고 해서 「。」처럼 동그란 형태를 취하고 있지요.

쉼표의 경우에는 読点(とうてん)이라는 「、」부호를 씁니다.

우리의 「.」「,」와는 약간 다르지요. 이외에 우리와 다른 일본어의 특징이라면 띄어쓰기가 없다는점과 「?」「!」의 경우엔 대부분 사용을 자제한다는 점을 들 수 있습니다. (그러나 대화 내용을 적은 글에서는 사용하는 경우가 있기도 하나, 평론이나 레포트같은 경우엔 사용을 금하고 있지요.)

key　。마침표　、쉼표

01 안녕하세요, 안녕하십니까? おはようございます。 오하요ー고자이마스

「おはよう 안녕, 잘잤니」에 ございます라는 정중표현이 결합된 형태로 「안녕하십니까?」에 대한 인사말이다. 그러나 「おはよう」의 경우에는 절친한 사이나 손아랫사람에 한정된 표현이므로 그 사용에 주의를 기할 필요가 있다. 또 「おはようございます」는 아침시간이라는 한정된 때에 한해 쓸 수 있음에 유의해야 한다.

おはようございます。李さん。 안녕하세요 이씨?
오 하요ー고자이마스 이상

おはようございます。山田さん。 안녕하세요 山田씨?
오하요ー 고자이마스 야마다상

02 ～씨, ～님 ～さん 상

상대방을 부를 때 손위, 손아래에 관계없이 성에 붙여 사용한다. (간혹 이름 전체에 붙이기도 한다.) 「さん」보다 정중한 표현으로 「さま」를 쓰기도 한다.

林(はやし)さん 하야시상	林(はやし)씨	
田中(たなか)さん 타나까상	田中(たなか)씨	
おまわりさん 오마와리상	순경아저씨	
山田(やまだ)さん 야마다상	山田(やまだ)씨	
先生(せんせい) 센세ー	선생님	자체에 존경의 의미까지 포함되어 있으므로 さん을 붙이지 않음.
お医者(いしゃ)さん 오이샤상	의사선생님	보통 さん을 붙여 お医者(いしゃ)さん이라 쓰는 것이 일반적이다. 선생이라는 호칭은 정말 존경을 받을 만한 교사, 의사, 변호사, 정치가 등의 성에 붙여 쓰이므로 대중적인 호칭으로 보기는 어렵다.

03 그렇군요. そうですね。 소-데스네

「そうです」 그렇습니다의 감탄조로 「그렇군요」에 해당된다.

いい お天気(てんき)ですね。 이－ 오뗑끼데스네 좋은 날씨군요.

ほんとうに そうですね。 혼또－니 소－데스네 정말 그렇군요.

※ そうです。 소－데스 그렇습니다.

そうですか。 소－데스까 그렇습니까?

お天気(てんき) 오뗑끼 여기서의 「お」는 존경이나 공손을 나타내는 접두어이다.

04 네, 예 ええ 에－

상대방의 말에 긍정, 또는 승낙을 나타내는 말이다.

こんばんは。 콤방와 안녕하세요?

今、お帰(かえ)りですか。 이마 오까에리데스까 지금 귀가하십니까?

ええ、こんばんは。おそくなりました。 에－ 콤반와 오소꾸나리마시따
예, 안녕하세요. ~이었습니다.

tip 일반적인 인사말

① おはようございます。 안녕하십니까? (아침인사)
② こんにちは。 안녕하십니까? (낮인사, 그러나 그다지 사용되지 않는 제한적 인사이다)
③ こんばんは。 안녕하십니까? (밤인사)

② 의 경우엔 그 대신 날씨에 관한 이야기나 「どうも」라고 간단히 인사를 취하는 경우가 많다. 두 번 이상은 사용이 불가능함에 유의하도록!!

일본어로 말해봅시다.

• 좋은 날씨군요. | • 외출하세요? | • 예, 좀, 이 근처까지 | • 기본 인사말

회화

02 お元気(げんき)ですか。

오겡끼데스까

건강하세요?

Track 02

お元気(げんき)ですか。 건강은 어떻습니까?
오겡끼데스까

ありがとうございます。 고맙습니다.
아리가또— 고자이마스

金	こんにちは。 콘니찌와	안녕하십니까?
吉田(よしだ) 요시다	こんにちは。 콘니찌와	안녕하십니까?
	おひさしぶりですね。 오히사시부리데스네	오래간만이군요.
	お元気(げんき)ですか。 오겡끼데스까	건강은 어떻습니까?
金	ええ、ありがとうございます。 에— 아리가또— 고자이마스	예, 고맙습니다.
	おかげさまで 元気(げんき)です。 오까게사마데 겡끼데스	덕분에 건강합니다.
吉田(よしだ)	では、さようなら。 데와 사요— 나라	그럼, 안녕히 가세요.
金	さようなら。 사요— 나라	안녕히 가세요.

새어휘

- げんき(元気 겡끼) 건강함
- ひさしぶり(久しぶり 히사시부리) 오래간만
- おかげさまで(오까게사마데) 덕분에
- では(데와) 그럼
- ありがとうございます(아리가또－고자이마스) 고맙습니다, 감사합니다.

Japan

일본의 지형 1

일본은 北海道(ほっかいどう), 本州(ほんしゅう), 四国(しこく), 九州(きゅうしゅう) 등의 4개의 큰섬과 4000여개에 달하는 중소섬으로 이루어진 섬나라로 3000km에 걸쳐 초생달 모양으로 뻗쳐 있다.

01 건강은 어떻습니까? お元気(げんき)ですか。 오겡끼데스까

오랜만에 만나 안부를 물을 때에 쓰이는 인사말로 「건강은 어떻습니까?」, 「그동안 안녕하십니까?」, 「잘 지내십니까?」 등의 의미로 쓰인다.
여기서 「お」는 존경을 나타내는 접두어.

しばらくですね。お元気(げんき)ですか。 시바라꾸데스네 오겡끼데스까	오랜만이군요. 건강은 어떻습니까?
おかげさまで 元気(げんき)です。 오까게사마데 겡끼데스	덕분에 건강합니다.

02 감사합니다, 고맙습니다. ありがとうございます。 아리가또―고자이마스

감사를 나타낼 때 사용하는 정중한 인사말이다.
여기서 「ございます」는 정중한 표현. 친한 친구 사이나 손아래사람에게는 그냥 「ありがとう」라고 해도 만사 O.K. 답변은 「どういたしまして 천만에요」로.

03 덕분에. おかげさまで。 오까게사마데

「お元気(げんき)ですか」 등의 질문에 의례적으로 대답할 때 사용되어진다. 잘 외워두고 쓴다면 당신은 예의바른 한국인!

04 그럼. では。 데와

「それでは」의 줄임체로 회화체에서 주로 쓰이며 「じゃ」라고도 한다.

실용문형

✱ 헤어질 때

じゃあ、また。　자, 그럼 또.
자―　마따

おやすみなさい。　안녕히 주무세요, 안녕히 가세요.
오야스미나사이

失礼(しつれい)します。　안녕히 계십시오.
시쯔레―시마스

✱ 외출・귀가

いって　まいります。　다녀오겠습니다.
읻떼　마이리마스

いって　らっしゃい。　다녀오세요.
읻떼　랏샤이

ただいま。　다녀왔습니다.
타다이마

お帰(かえ)りなさい。　어서 오세요.
오까에리나사이

✱ 식사

いただきます。　잘 먹겠습니다.
이따다끼마스

ごちそうさまでした。　잘 먹었습니다.
곳소― 사마데시따

✱ 감사

ありがとうございます。　감사합니다.
아리가또 ―고자이마스

どういたしまして。　천만에요.
도― 이따시마시떼

✱ 사과

すみません。　죄송합니다.
스미마셍

失礼(しつれい)しました。　죄송합니다.
시쯔레―시마시따

인사표현 (기본인사)

- おはよう。 — 안녕.
  오하요 ―
- おはようございます。 — 안녕하십니까?
  오하요 ― 고자이마스
- こんにちは。 — 안녕하십니까?
  콘니찌와
- こんばんは。 — 안녕하십니까?
  콤방와

일상대화

- お出(で)かけですか。 — 외출하세요?
  오데까께데스까
- お帰(かえ)りですか。 — 귀가하십니까?
  오까에리데스까
- いま、どちらへ。 — 지금 어디 가십니까?
  이마 도찌라에
- おそく どちらへ。 — 늦게 어디 가십니까?
  오소꾸 도찌라에

날씨 표현

- いい お天気(てんき)ですね。 — 좋은 날씨군요.
  이― 오뗑끼데스네
- さわやかな 朝(あさ)ですね。 — 상쾌한 아침이군요.
  사와야까나 아사데스네
- 暑(あつ)く なりましたね。 — 더워졌습니다.
  아쯔꾸 나리 마시따네
- よく 降(ふ)りますね。 — 비가 많이 오네요.
  요꾸 후리마스네

헤어짐

失礼(しつれい)します。 시쯔레– 시마스	실례하겠습니다.
じゃ、また。 쟈 마따	그럼, 또.
また あした。 마따 아시따	내일 또(봐요).
じゃ、ここで。 쟈 코꼬데	그럼, 여기서.
さようなら。 사요– 나라	안녕히 가세요(계세요).

한자익히기

家 집, 집안	음 か、け	家庭(かてい) 카떼–	가정	作家(さっか) 삭까	작가
	훈 いえ、や	家出(いえで) 이에데	가출	家賃(やちん) 야찡	집세
国 나라	음 こく	国民(こくみん) 코꾸밍	국민	国籍(こくせき) 콕세끼	국적
	훈 くに	国国(くにぐに) 쿠니구니	여러나라, 각국		
子 아들, 자식, 새끼	음 し	弟子(でし) 데시	제자	利子(りし) 리시	이자
	훈 こ	子供(こども) 코도모	아이		

쉬어가기

お辞儀(じぎ) 절(머리숙여 인사하는 전통적인 절)
오지기

일본인은「왜 저렇게 허리를 굽혀대는 것일까?」, 「왜 저렇게 어쩔 줄을 몰라하는 거야?」라고 의아심을 갖는 분들도 계시겠지만, 이건 단지 그네들의 상대방에 대한 존경의 표시로, 오랜 습관에 지나지 않는다. 또한 자신을 낮추어 상대방을 한껏 대접해 준다는 의미도 있을 것이다. 좌우지간 허리를 30°정도 구부리고 인사하되 상대방보다 절대 허리를 먼저 펴지 않는 것이 예의이다.

03 그것말입니까? 그것은 휴대폰입니다.

Track 03

それですか。それは 携帯(けいたい)です。
소레데스까 소레와 케- 따이데스

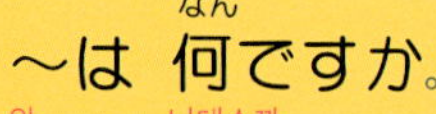

～は 何(なん)ですか。 ～는(은) 무엇입니까?
와 난데스까

～は ～ではありません。 ～는(은) ～이 아닙니다.
와 데와아리마셍

これは 何(なん)ですか。 이것은 무엇입니까?
코레와 난데스까

それですか。それは 携帯(けいたい)です。 그것 말입니까? 그것은 휴대폰입니다.
소레데스까 소레와 케- 따이데스

これも 携帯(けいたい)ですか。 이것도 휴대폰입니까?
코레모 케- 따이데스까

いいえ、それは 携帯(けいたい)ではありません。 아니오, 그것은 휴대폰이 아닙니다.
이- 에 소레와 케- 따이데와아리마셍

それは ポケベルです。 그것은 호출기입니다.
소레와 포께베루데스

あれも ポケベルですか。 저것도 호출기입니까?
아레모 포께베루데스까

はい、そうです。 예, 그렇습니다.
하이 소- 데스

새어휘

- これ(코레) 이것
- それ(소레) 그것
- ~です(데스) 입니다
- いいえ(이-에) 아니오
- はい(하이) 예
- あれ(아레) 저것
- ~ではありません(데와아리마셍) ~은(는) 아닙니다
- ~ですか(데스까) ~입니까?
- けいたい(携帯 케-따이) 휴대폰
- ~も(모) ~도
- ポケベル(포께베루) 삐삐
- そうです(소-데스) 그렇습니다

Q&A

Q : 이번엔 제가 질문을 드리기로 하죠. 「이게 뭡니까」를 일본어로 해보면 어떻게 될까요? 참고적으로 ~이(가)에 해당되는 조사는 「が」입니다.

A : 「これが 何(なん)ですか。」가 아닙니까?

A : Oh!! 정확히 제가 바랬던 답입니다. 맞추면 어쩌나 조마조마 했죠.
이 답이 틀린 건 한국어에 얽매이다 생긴 문제죠. 일본어에선 뒤에 의문사가 올 경우에는 그 조사는 은/는, 이/가를 구분하지 않고 「は」를 쓴답니다.
그럼, 「これは 何(なん)ですか。」가 되나요?

key 조사 は+의문사, 잘 기억하세요

01 지시대명사(사물)

지시대명사에는 사물 · 장소 · 방향이 있으나, 사물에 관한 지시대명사를 공부하기로 한다.

こ 코 이	そ 소 그	あ 아 저	ど 도 어느
これ 코레 이것	それ 소레 그것	あれ 아레 저것	どれ 도레 어느 것

거리상으로는 가장 가까이에 있는 것(これ 이것)으로부터 차례로 それ (그것), あれ (저것) 등 순차적으로 먼 거리를 나타내며, 보통 これ ↔ それ, それ ↔ これ, あれ ↔ あれ의 답변관계가 된다. 단, 발언자와 답변자가 똑같이 사물로부터 약간 떨어져 있는 경우엔 あれ ↔ あれ의 관계가 아닌 それ ↔ それ의 형태가 될 수 있음에 유의한다.

これは 何(なん)ですか。 이것은 무엇입니까?
코레와 난데스까

それは テレビです。 그것은 텔레비전입니다.
소레와 테레비데스

それは 何(なん)ですか。 그것은 무엇입니까?
소레와 난데스까

これは ビデオです。 이것은 비디오입니다.
코레와 비데오데스

それは ビデオです。 그것은 비디오입니다. 발언자와 답변자가 사물로부터 약간 떨어져 있는 경우
소레와 비데오데스

~은, 는(조사) は 와

조사 「は」의 경우엔 발음이 [wa]로 읽힘에 주의해야 한다. 의미는 ~은, ~는에 해당되며 주제를 지시 · 강조해 준다.

これは(wa) ノートです。 코레와 노-또데스 이것은 노트입니다.

03 기본 문형

～は～です ~와 ~데스 ～은(는) ～입니다.

～は ～ですか ~와 ~데스까 ～은(는) ～입니까?

～は ～ではありません ~와 ~데와아리마셍 ～은(는) ～이(가) 아닙니다.

これは 新聞(しんぶん)です。 이것은 신문입니다.(평서문)
코레와 심분데스

これは 新聞(しんぶん)ですか。 이것은 신문입니까? (의문문)
코레와 심분데스까

これは 新聞(しんぶん)ではありません。 이것은 신문이 아닙니다. (부정문)
코레와 심분데와아리마셍

※ **ではありません**。의 경우, 회화체에서는 **じゃありません**을 쓰기도 한다.
데와아리마셍

04 무엇입니까? なんですか 난데스까

「何(なん・なに)」는 원래 혼자 쓰일 때는 「なに」로 읽히나 「な・た・だ」행 앞에서는 「なん」으로 발음된다.

연습코너 다음 문장을 또박또박 발음해 봅시다.

これは テレビです。 | それは テレビではありません。 | あれも テレビですか。

회화

04 ごめんください。

고멩구다사이

실례합니다.

Track 04

ごめんください。 고멩구다사이	실례합니다.
どうぞ。 도–조	자, 어서, 부디.

金	ごめんください。 고멩구다사이	실례합니다.
田中(たなか) 타나까	はい、どちらさまですか。 하이 도찌라사마데스까	예, 누구십니까?
金	金ですが…。 기무데스가	김입니다만.
田中(たなか)	やあ、金さん、いらっしゃいませ。 야– 기무상 이랏샤이마세	아, 김씨 어서 오십시오.
	どうぞ こちらへ。 도– 조 고찌라에	자, 이쪽으로.(들어 오십시오)
金	お邪魔(じゃま)します。 오쟈마시마스	실례하겠습니다.
田中(たなか)	さあ、お茶(ちゃ)を どうぞ。 사– 오쨔오 도– 조	자, 차 드세요.
金	ありがとうございます。 아리가또– 고자이마스	고맙습니다.

새어휘

- どちらさま(도찌라사마) 누구
- ごめんください(고멩구다사이) 실례합니다(계십니까?)
- じゃま(邪魔 쟈마) 방해, 실례
- いらっしゃいませ(이랏샤이마세) 어서 오십시오
- おちゃ(お茶 오쨔) 차
- どうぞ こちらへ(도-조 고찌라에) 자, 이쪽으로
- ～へ(에) ～로(방향을 나타내는 조사 へ는 「헤」가 아닌 「에」로 발음한다)
- ありがとうございます(아리가또-고자이마스) 고맙습니다

Japan

일본의 지형 2

① 北海道(ほっかいどう)
혹까이도-

② 東北(とうほく)
토-호꾸

③ 関東(かんとう)
칸또-

④ 中部(ちゅうぶ)
츄-부

⑤ 近畿(きんき)
킹끼

⑥ 中国(ちゅうごく)
츄-고꾸

⑦ 四国(しこく)
시꼬꾸

⑧ 九州(きゅうしゅう)
큐-슈-

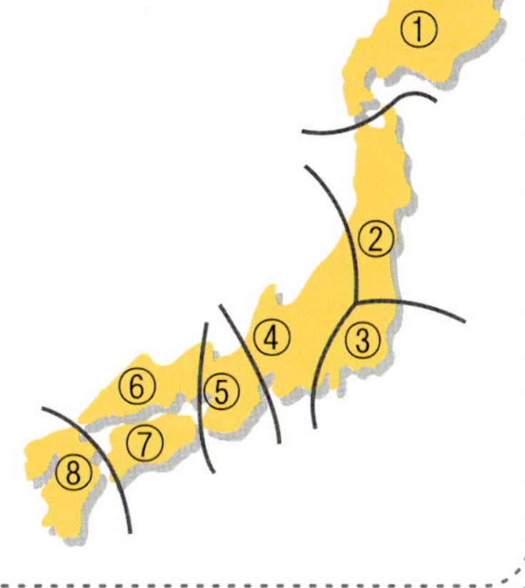

 실례합니다. ごめんください。 고멩구다사이

「실례합니다(계십니까?)」라는 인사말로 남의 집이나 사무적인 일로 회사를 방문할 때에 쓰이는 말이다. 그 외의 뜻으로 「용서하십시오」의 의미도 갖고 있다.

ごめんください。 고멩구다사이	실례합니다.
はい、どなたですか。 하이 도나따데스까	예, 누구십니까?

 어느 분, 누구 どちらさま 도찌라사마

지시대명사 どちら(어느 쪽)이 「어느 분」의 의미로 쓰이는 경우로, 「さん」의 정중한 표현인 「さま」가 뒤에 붙어 쓰이고 있다.

失礼(しつれい)ですが、どちらさまですか。 시쯔레―데스가 도찌라사마데스까	실례지만 누구십니까?

03 자, 어서, 부디, 잘 どうぞ 도―조

상대방에 대한 요구나 허락, 권유, 희망 등을 나타내는 말로 영어의 please와 같이 쓰임새가 많은 말이다.

どうぞ よろしく。 도―조 요로시꾸	잘 부탁합니다.
どうぞ こちらへ。 도―조 고찌라에	이리 오십시오.
どうぞ。 도―조	자, 먼저(자리를 뜰 때, 자리를 비켜줄 때)
お茶(ちゃ)を どうぞ。 오쨔오 도―조	차 드세요.

실용문형

✱ 방문할 때

ごめんください。 実례합니다.(계십니까?)
고멩구다사이

ごめんください。 고멩구다사이	실례합니다.(계십니까?)
しつれいします。 시쯔레— 시마스	실례합니다.
おじゃまします。 오쟈마시마스	실례하겠습니다.

✱ 맞이할 때

よく いらっしゃいました。 요꾸 이랏샤이마시따	잘 오셨습니다.
どうぞ こちらへ。 도— 조 고찌라에	자, 이쪽으로.
お茶(ちゃ)でも どうぞ。 오짜데모 도— 조	차 좀 드세요.
また、おいでください。 마따 오이데구다사이	또 오십시오.

관련어휘

- しょうたい(招待 쇼－따이) 초대
- ごしゅじん(ご主人 고슈징) 주인
- コーヒー(코－히－) 커피
- かぞく(家族 카조꾸) 가족
- かない(家内 카나이) 집사람
- しょくじ(食事 쇼꾸지) 식사
- ほうもん(訪問 호－몽) 방문
- おきゃくさん(お客さん 오꺅상) 손님

긍정문

□ これは　テレビ　です。　이것은 텔레비전입니다.
코레와　테레비　데스

ラジオ　이것은 라디오입니다.
라지오

本(ほん)　이것은 책입니다.
홍

부정문

□ それは　雑誌(ざっし)　ではありません。　그것은 잡지가 아닙니다.
소레와　잣시　데와아리마셍

ノート　그것은 노트가 아닙니다.
노－또

辞書(じしょ)　그것은 사전이 아닙니다.
지쇼

안부 표현

□ おしごとは　いかがですか。　하시는 일은 어떠십니까?
오시고또와　이까가데스까

□ まあまあです。　그저 그렇습니다.
마－ 마－ 데스

□ はい、おかげさまで。　예, 덕분에.
하이　오까게사마데

사과 표현(답변)

□ だいじょうぶです。　괜찮습니다.
다이죠－ 부데스

□ こちらこそ。　저야말로.
코찌라꼬소

□ 気(き)にしないでください。　신경쓰지 마십시오.
키니시나이데구다사이

한자익히기

本 근본, 책	음 ほん	基本(きほん) 기홍	기본	資本(しほん) 시홍	자본
	훈 も, と	大本(おおもと) 오–모또	대본, 근본		
大 큰, 클	음 だい, たい	大事(だいじ) 다이지	중요함, 소중함	大丈夫(だいじょうぶ) 다이죠–부	대장부
	훈 おおきい, おおいに	大切(たいせつ) 타이세쯔	중요함	大いに(おお) 오–이니	대단히, 많이
小 작은	음 しょう	最小(さいしょう) 사이쇼–	최소	大小(だいしょう) 다이쇼–	대소
	훈 ちいさい, お, こ	小川(おがわ) 오가와	시냇물	小人(こびと) 고비또	난장이

쉬어가기

こそあどことば
코소아도고또바

앞에서 지시대명사 これ · それ · あれ · どれ를 배운 바 있지만 이 こそあど는 제법 그 쓰임새가 유용하다. 사물 · 장소 · 방향을 나타내는 지시대명사 외에 연체사, 부사, 형용동사에서도 쓰인다.

연체사	この	이	その	그	あの	저	どの	어느
부사	こう	이렇게	そう	그렇게	ああ	저렇게	どう	어떻게
형용동사	こんなだ	이렇다	そんなだ	그렇다	あんなだ	저렇다	どんなだ	어떻다

오마이갓!! 이걸 어떻게 다 외우냐고요. 기다리세요, 시간이 해결합니다.

05 이쪽은 사촌인 吉田입니다.

Track 05

こちらは いとこの 吉田(よしだ)です。
코찌라와 이또꼬노 요시다데스

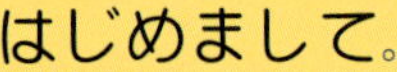

はじめまして。 처음 뵙겠습니다.
하지메마시떼

どうぞ よろしく。 잘 부탁합니다.
도— 조 요로시꾸

- 李さん、ご紹介(しょうかい)します。 이씨, 소개하겠습니다.
  이상 고쇼—까이시마스

  こちらは いとこの 吉田(よしだ)です。 이쪽은 사촌인 吉田입니다.
  코찌라와 이또꼬노 요시다데스

- はじめまして。わたしは 李です。 처음 뵙겠습니다. 저는 李입니다.
  하지메마시떼 와따시와 이데스

  どうぞ よろしく。 잘 부탁합니다.
  도— 조 요로시꾸

  はじめまして。私(わたし)は 吉田(よしだ)です。 처음 뵙겠습니다. 저는 吉田입니다.
  하지메마시떼 와따시와 요시다데스

  こちらこそ どうぞ よろしく。 저야말로 잘 부탁합니다.
  코찌라꼬소 도— 조 요로시꾸

- しょうかい(紹介 쇼－까이) 소개
- ～の(～노) ～의, ～인
- りゅうがくせい(留學生 류－각세－) 유학생
- あ(아) 아
- はじめまして(하지메마시떼) 처음 뵙겠습니다.
- どうぞ よろしく(도－조 요로시꾸) 잘 부탁합니다.
- こちらこそ(코찌라꼬소) 이쪽이야말로
- ～こそ(코소) ～야말로
- そうですか(소－데스까) 그렇습니까?
- いとこ(従兄弟 이또꼬) 사촌
- かんこく(韓国 캉꼬꾸) 한국

□ 李さんは 韓国(かんこく)の 留学生(りゅうがくせい)です。 이씨는 한국 유학생입니다.
이산와 캉고꾸노 류－ 각세－데스

あ、そうですか。 아, 그렇습니까?
아 소－ 데스까

Q&A

Q: 앞에서 「～입니다」라는 표현이 「～です」라고 배웠습니다.
그럼 「～이다」라는 표현은 어떻게 하나요?

A: 「だ」체를 씁니다. 예를 들어 「이것은 책이다」라고 한다면 「これは 本だ」가 되겠죠. 그 외에 「～である」체도 쓰이기는 하나 주로 문장에서나 사용되지, 회화체에서는 거의 쓰이지 않지요.

key ～이다 ～だ(～である)

01 처음뵙겠습니다. はじめまして。 하지메마시떼

「はじめて お目(め)にかかります」가 원래의 말이나, 그냥 관용적으로 「はじめまして」라고 하면 훌륭한 인사가 된다. 거기다 どうぞ よろしく 또는 よろしく お願(ねが)いしますと라고 덧붙이면 O.K.!

02 데스 ～です ～입니다.

자신을 소개할 때는 さん이나 せんせい같은 호칭은 쓸 수가 없다. 타인을 소개시엔 ~さんです(～씨입니다)라고 하면 되겠다.

03 소개하겠습니다. ご紹介(しょうかい)します 고쇼－까이시마스

다른 이를 소개할 때 쓰이는 말이다.

> ご紹介(しょうかい)します。こちらは 李さんです。 소개하겠습니다. 이분은 이씨입니다.
> 고쇼－까이시마스 코찌라와 이산데스

04 이쪽, 이분 こちら 코찌라

여기서는 「이분」이라는 의미로서, 방향을 가리킨다기보다 소개의 의미로 쓰이고 있다.

> こちらは～です。 이분은 ~입니다.
> 코찌라와 데스

※ 방향

こ 코 이	そ 소 그	あ 아 저	ど 도 어느
こちら 코찌라 이쪽	そちら 소찌라 그쪽	あちら 아찌라 저쪽	どちら 도찌라 어느 쪽

05 잘 부탁합니다. どうぞよろしく 도– 조 요로시꾸

「どうぞ よろしく お願(ねが)いします」를 간략화해 회화에서는 그냥「どうぞ よろしく」라고만 한다.

06 저야말로 こちらこそ 코찌라꼬소

「こちら」가 여기서는 자기 자신을 정중하게 지칭하는 의미로 쓰이며, ～こそ (～야말로)에 결합하여「저야말로」라는 뜻이 되었다.

こちらこそ どうぞ よろしく。 저야말로 잘 부탁합니다.
코찌라꼬소 도–조 요로시꾸

※ 인칭대명사 わたし(私)/あなた

わたし: 1인칭대명사로, **わたくし**라고도 하나 이는 격식을 갖추는 경우에만 해당된다.

あなた: 2인칭대명사이기는 하나 그 쓰임새가 아주 제한적으로, 보통 아랫사람이나 친한 사이가 아니면 쓸 수 없다.

회화

06 韓国(かんこく)は 初(はじ)めてですか。

캉꼬꾸와 하지메떼데스까

Track 06

한국은 처음입니까?

しばらくですね。 오래간만이군요.
시바라꾸데스네

韓国(かんこく)は 初(はじ)めてですか。 한국은 처음입니까?
캉꼬꾸와 하지메떼데스까

吉田(よしだ) 요시다	あ、金さん、こんにちは。 아 기무상 콘니찌와	아, 김씨 안녕하십니까?
金	ああ、吉田さん、こんにちは。 아 아 요시다상 콘니찌와	아, 吉田씨. 안녕하십니까?
	しばらくですね、お元気(げんき)ですか。 시바라꾸데스네 오겡끼데스까	오래간만이군요, 잘 지내십니까?
吉田(よしだ)	はい、おかげさまで。 하이 오까게사마데	예, 덕분에.
	あいかわらず 元気(げんき)です。 아이까와라즈 겡끼데스	여전히 잘 지내고 있습니다.
	ご紹介(しょうかい)します。 고쇼―까이시마스	소개하겠습니다.
	これは 私(わたし)の 妹(いもうと)です。 코레와 와따시노 이모―또데스	이 아이는 제 여동생입니다.
金	そうですか。はじめまして。 소― 데스까 하지메마시떼	그렇습니까? 처음 뵙겠습니다.
	金国一です。どうぞ よろしく。 기무국일데스 도― 조 요로시꾸	김국일입니다. 잘 부탁합니다.

새어휘

- しばらく(시바라꾸) 오래간만
- あいかわらず(아이까와라즈) 여전히
- いもうと(이모-또) 여동생
- かんこく(韓国 캉꼬꾸) 한국
- ええ(에-) 네
- はじめて(初めて 하지메떼) 처음

妹(いもうと)	はじめまして。どうぞ よろしく。 하지메마시떼 도-조 요로시꾸	처음 뵙겠습니다. 잘 부탁합니다.
金	韓国(かんこく)は 初(はじ)めてですか。 캉꼬꾸와 하지메떼데스까	한국은 처음입니까?
妹(いもうと)	ええ、初(はじ)めてです。 에- 하지메떼데스	예, 처음입니다.

Japan

일본의 인구 · 면적 · 위치

인구 : 1억 2600만 정도

면적 : 377,750㎢ 로 한반도 면적의 1.7배. 중국,미국의 1/25 정도

위치 : 북위45도 33분에서 20도 25분 사이에 위치

01 오래간만이군요. しばらくですね。 시바라꾸데스네

오랜만에 만났을 때 하는 인사말로 앞에서 배운 「おひさしぶりですね」와 함께 쓰인다.

申さん、しばらくですね。 신상 시바라꾸데스네	신씨, 오래간만이군요.

02 여전히, 변함없이 あいかわらず 아이까와라즈

お元気(げんき)ですか。 오겡끼데스까	잘 지내십니까?
あいかわらずです。 아이까와라즈데스	여전합니다.

03 이분, 이애, 이놈 これ 코레

앞에서 「これ」를 이것, 즉 사물을 가리키는 지시대명사로 배웠다. 여기서는 사람을 가리키는 말로 쓰이고 있는데, 조금은 색다름을 잘 기억해 두기 바란다. 그 외에 사람을 가리키는 말로는 「こちら」가 있다.

04 ～의 ～の 노

일본어의 특징 중의 하나로 명사와 명사 사이에는 반드시 「の」를 넣어 말하는 것을 들 수 있는데, 그 의미는 소유 · 소속 또는 앞의 명사가 뒤의 명사를 설명해 주는(성질 · 상태) 구실을 한다.
우리말로 옮길 때는 대개 「～의」라는 의미이나 생략된다.

私(わたし)の ノート 와따시노 노-또	나의(내) 노트
英語(えいご)の 先生(せんせい) 에-고노 센세-	영어 선생님

실용문형

✱ 소개할 때

はじめまして。 처음 뵙겠습니다.
하지메마시떼

どうぞ よろしく お願(ねが)いします。 잘 부탁드리겠습니다.
도- 조 요로시꾸 오네가이시마스

私(わたし)は ～と 申(もう)します。 저는 ~라고 합니다.
와따시와 ~또 모-시마스

こちらこそ どうぞ よろしく。 저야말로 잘 부탁합니다.
코찌라꼬소 도- 조 요로시꾸

✱ 질문

お名前(なまえ)は。 성함은.
오나마에와

学生(がくせい)ですか。 학생입니까?
각세-데스까

お仕事(しごと)は 何(なん)ですか。 하시는 일은 무엇입니까?
오시고또와 난데스까

しつれいですが、お国(くに)は どこですか。 실례지만 출신지(고향)는 어디입니까?
시쯔레-데스가 오꾸니와 도꼬데스까

관련어휘

- しょうかい(紹介 쇼-까이) 소개
- つま(妻 츠마) 처
- おとうと(弟 오또-또) 동생
- いもうと(妹 이모-또) 여동생
- むすめ(娘 무스메) 딸
- じこしょうかい(自己紹介 지꼬쇼-까이) 자기소개
- ともだち(友だち 토모다찌) 친구
- あに(兄 아니) 형, 오빠
- あね(姉 아네) 언니, 누나
- むすこ(息子 무스꼬) 아들, 딸

※ 위의 가족 호칭은 자기 가족을 가리킬 때 사용하는 말입니다.

첫인사

- はじめまして。 山田(やまだ)と もうします。 — 처음뵙겠습니다. 山田라고 합니다.
  하지메마시떼 야마다또 모-시마스
- 李です。 — 처음뵙겠습니다. 이입니다.
  이데스
- 山本(やまもと)です。 — 처음뵙겠습니다. 山本입니다.
  야마모또데스

소개

- こちらは 金さんです。 — 이쪽은 김씨입니다.
  코찌라와 기무산데스
- 友(とも)だちの スミスさんです。 — 이쪽은 친구인 스미스씨입니다.
  토모다찌노 스미스산데스
- 娘(むすめ)の 京子(きょうこ)です。 — 이쪽은 딸인 京子입니다.
  무스메노 쿄-꼬데스

부탁

- どうぞ よろしく。 — 잘 부탁합니다.
  도-조 요로시꾸
- よろしく おねがいします。 — 잘 부탁합니다.
  요로시꾸 오네가이시마스
- よろしく おねがいいたします。 — 잘 부탁합니다.
  요로시꾸 오네가이이따시마스

대화

- まだ 学生(がくせい)ですか。 — 아직 학생입니까?
  마다 각세-데스까
- はい、そうです。 — 예, 그렇습니다.
  하이 소- 데스
- 何年生(なんねんせい)ですか。 — 몇 학년입니까?
  난넨세- 데스까
- 韓国人(かんこくじん)ですか。 — 한국인입니까?
  캉꼬꾸징데스까

한자익히기

一 일, 한, 하나	음 いち, いつ	一個(いっこ) 익꼬 한개	統一(とういつ) 토-이쯔 통일
	훈 ひと, ひとつ	一つ(ひと) 히또쯔 하나, 한개	
百 백, 많음	음 ひゃく	百人(ひゃくにん) 햐꾸닝 백명	百姓(ひゃくしょう) 햐꾸쇼- 백성
	훈 —		
私 나, 저	음 し	私費(しひ) 시히 사비	公私(こうし) 코-시 공사
	훈 わたし, わたくし		

쉬어가기

ひざまずり 무릎꿇기

한때는 세계 최고의 신부감으로 꼽히던 일본 여성들, 그건 아마 남성들을 최고로 대접해 주는 서비스정신에서 기인된 것이 아닐까 싶다. 상대방 앞에서 무릎을 끓고 대접하는 것은 섬김의 극치를 보여주는 단면으로, 물론 여성들 뿐만 아니라 일상생활 속 대화나, 서비스가 존재하는 모든 곳에서 보여지고 있다.

너무나도 전근대적인 모습이긴 하지만 황혼이혼이나 남편을 「젖은 낙엽」이라고까지 비유하는 현실 속에서 이 ひざまずり가 상업적으로만 흐르는 것은 정말 씁쓸한 기분이다.

tip ぬれおちば(ぬれ落ち葉)

정년퇴직 후, 할 일 없는 남성이 부인 옆에 마치 젖은 낙엽처럼 찰싹 붙어 귀찮게 한다는 약간은 서글픈 표현!!

07 이것은 누구(의) 노트북입니까?

Track 07

これは 誰(だれ)の ノートパソコンですか。
코레와 다레노 노－또빠소꼰데스까

これは 誰(だれ)の ノートパソコンですか。 이것은 누구(의) 노트북입니까?
코레와 다레노 노－또빠소꼰데스까

それは 佐藤(さとう)さんのです。 그것은 佐藤씨(의) 것입니다.
소레와 사또－산노데스

- これは 誰(だれ)の ノートパソコンですか。 이것은 누구(의) 노트북입니까?
  코레와 다레노 노－또빠소꼰데스까

  それは 佐藤(さとう)さんのです。 그것은 佐藤씨(의) 것입니다.
  소레와 사또－산노데스

- この カメラも 佐藤(さとう)さんのですか。 이 카메라도 佐藤씨 것입니까?
  코노 카메라모 사또－산노데스까

  いいえ、それは 私のです。 아니오, 그것은 제것입니다.
  이－에 소레와 와따시노데스

- あの 方(かた)は どなたですか。 저분은 누구십니까?
  아노 까따와 도나따데스까

  山田(やまだ)さんで、この 学校(がっこう)の 先生(せんせい)です。 山田씨인데, 이 학교 선생님입니다.
  야마다산데 코노 각꼬－노 센세－데스

- 李さんの くるまは どれですか。 이씨(의) 차는 어느 것입니까?
  이산노 구루마와 도레데스까

  あれが 李さんのです。 저것이 이씨(의) 것입니다.
  아레가 이산노데스

새어휘

- だれ(誰 다레) 누구
- ノートパソコン(노-또빠소꽁) 노트북
- ～の(노) ～(의), ～(의)것
- カメラ(카메라) 카메라
- ～で(데) ～이고, ～인데
- くるま(車 쿠루마) 차
- どれ(도레) 어느 것
- あれ(아레) 저것

Q&A

Q: だれ와 どなた는 같은 말인가요?

A: 물론 틀리죠.

인칭대명사 중의 だれ는 「누구」를 뜻하며, どなた는 「어느 분」을 뜻하는 だれ의 존경어입니다. 그러므로 그 쓰임에도 형식이 맞아야 하는데, 예를 들면 다음과 같이 앞과 뒤의 단어가 일치되도록 해야 되겠죠.

- あの人(ひと)[저사람] は だれ[누구] ですか。 저 사람은 누구입니까?
- あの方(かた)[저분] は どなた[어느 분] ですか。 저 분은 어느 분(누구)이십니까?

01 의, ~인, ~의 것 ~の 노

일본어에서 「の」의 의미는 각별한 의미와 역할을 담당한다. 기본적인 역할을 알아보자.
첫째, 명사와 명사 사이의 の를 들 수 있다.

① 소유나 소속을 나타내는 경우

私(わたし)の 本(ほん)	와따시노 홍	내(나의) 책
金さんの カメラ	기무산노 카메라	김씨(의) 카메라

② 성질 · 상태를 나타내는 경우

日本語(にほんご)の 先生(せんせい)	니홍고노 센세ー	일본어선생
英語(えいご)の 本(ほん)	에ー고노 홍	영어책

※ 우리말로 해석시엔 ~(의)가 생략되는 것이 더 자연스럽다.

둘째, 「~인」의 의미에 해당하는 동격을 나타내는 경우이다.

友(とも)だちの 金さん	토모다찌노 기무상	친구인 김씨
娘(むすめ)の 京子(きょうこ)	무스메노 쿄ー꼬	딸인 京子

셋째, 「~의 것」 즉 「~のもの」에 해당하는 경우이다.

この パソコンは 私(わたし)のです。	코노 빠소꼰와 와따시노데스	이 컴퓨터는 제 것입니다.
あれが 李さんのです。	아레가 이산노데스	저것이 이씨 것입니다.

인칭대명사

사람을 나타내는 지시대명사에는 5과에서 다룬 わたし, あなた 외에 다음과 같은 것들이 있다.

こ 코 이	そ 소 그	あ 아 저	ど 도 어느	
この人 코노히또 이사람	その人 소노히또 그사람	あの人 아노히또 저사람	どの人 도노히또 누구	だれ 다레 누구
この方 코노카따 이분	その方 소노카따 그분	あの方 아노카따 저분	どの方 도노카따 어느분	どなた 도나따 누구(어느분)

※ どの人나 どの方의 경우엔 대중 가운데 한 사람을 가리킬 때 쓰인다.

～이고, ～인데 ～で 데

뒤에서 설명을 해주는 용법, 나열 이 두 가지 용법이 있다.

かれは 学生(がくせい)で、私(わたし)は 会社員(かいしゃいん)です。 그는 학생이고, 저는 회사원입니다.
카레와 각세—데 와따시와 카이샤인데스

山田(やまだ)さんで、この 学校(がっこう)の 先生(せんせい)です。 山田씨인데, 이 학교 선생입니다.
야마다상데 코노 각꼬—노 센세이데스

일본어로 말해봅시다.

- 저분은 누구십니까? | • 스미스씨인데 이 학교 학생입니다. | • 이것은 李씨 것입니다.

회화

08 どの 出版社の 辞書ですか。

しゅっぱんしゃ じしょ

도노 슙빤샤노 지쇼데스까

어느 출판사(의) 사전입니까?

Track 08

どの 出版社(しゅっぱんしゃ)の 辞書(じしょ)ですか。 어느 출판사(의) 사전입니까?
도노 슙빤샤노 지쇼데스까

これに します。 이것으로 하겠습니다.
코레니 시마스

金	これは なに語(ご)の 辞書(じしょ)ですか。 코레와 나니고노 지쇼데스까	이것은 무슨(어) 사전입니까?
店員(てんいん) 텡잉	日本語(にほんご)の 辞書(じしょ)です。 니홍고노 지쇼데스	일본어 사전입니다.
金	どの 出版社(しゅっぱんしゃ)の 辞書(じしょ)ですか。 도노 슙빤샤노 지쇼데스까	어느 출판사(의) 사전입니까?
店員(てんいん)	韓国出版社(かんこくしゅっぱんしゃ)の 辞書(じしょ)です。 캉꼬꾸슙빤샤노 지쇼데스	한국출판사 사전입니다.
金	どうですか。 도— 데스까	어떻습니까?
店員(てんいん)	とても いい 辞書です。 토떼모 이— 지쇼데스	매우 좋은 사전입니다.
金	いいですね。これに します。 이— 데스네 코레니 시마스	좋군요. 이것으로 하겠습니다.

새어휘

- なにご(なに語 나니고) 무슨 언어
- どの(도노) 어느
- てんいん(店員 텡잉) 점원
- とても(토떼모) 매우, 아주
- じしょ(辞書 지쇼) 사전
- しゅっぱんしゃ(出版社 슙빤샤) 출판사
- どうですか(도-데스까) 어떻습니까
- いい(이-) 좋다.

Japan

일본의 종교

불교와 신도(神道)를 대표적으로 들 수 있으나 결혼은 기독교식으로 하고 장례는 불교식으로 하는 등, 여러 종교관이 뒤엉켜 있는 것을 볼 수 있다. 지진 등 자연재해가 많은 나라인만큼 여러 신을 섬길 수밖에 없었고 나름대로 유입, 승화시킨 모습을 볼 수 있다.

※ 神道: 자연신과 조상신을 섬기는 민속종교(다수의 신이 등장한다)

01 この・その・あの・どの 코노 · 소노 · 아노 · 도노

の가 こ · そ · あ · ど와 결합하여 명사를 수식하는(체언을 수식) 연체사가 되었다.

こ 코 이	そ 소 그	あ 아 저	ど 도 어느
この 코노	その 소노	あの 아노	どの 도노

※ **연체사의 특징**

① 체언을 수식한다. 즉 연체사 + 명사 꼴로 수식.
② 연체사 + 명사 꼴의 경우 지시대명사가 됨을 알 수 있다.

02 어떻습니까? どうですか。 도— 데스까

상대방의 의견을 묻는 경우로, 여기서 「どう」는 こ · そ · あ · ど의 「ど」가 부사의 형태로 쓰인 경우이다.

こう 코— 이렇게　そう 소— 그렇게　ああ 아— 저렇게　どう 도— 어떻게　※ **あう**가 아닌 **ああ**이니 유의하기 바란다.

03 좋다. いい。 이—

일본어의 형용사는「い」로 끝나는 것이 특징이다. 이것이 체언을 수식할 때는 원형 그대로 접속하면 된다. 「です」체에 접속시도 마찬가지이다.

いい 辞書(じしょ) 이— 지쇼　　좋은 사전

04 이것으로 하겠습니다. これにします。 코레니시마스

しますは する(하다)라는 동사의 정중형으로(차후에 다루겠음), 여기서 선택의 의미로 쓰이고 있다. 이 경우 조사는 항상 「に」가 옴에 유의해야 한다.

これに します。 코레니 시마스　　이것으로 하겠습니다.

실용문형

✱ 점원

何(なん)の本(ほん)を おさがしですか。 난노 홍오 오사가시데스까	무슨 책을 찾으십니까?
どうですか。 도– 데스까	어떻습니까?
すみませんが、いま 品切(しなぎ)れです。 스미마셍가 이마 시나기레데스	죄송합니다만, 지금 품절입니다.

✱ 손님

～が ほしいです。 ~가 호시– 데스	~을 원합니다.
～一冊(いっさつ) ください。 ~잇사쯔 구다사이	~한 권 주십시오.
～に 関(かん)する 本(ほん) ありますか。 ~니 칸스루 홍 아리마스까	~에 관한 책 있습니까?
また きます。 마따 기마스	또 오겠습니다.

관련어휘

- ほん(本 홍) 책
- しょうせつ(小説 쇼–세쯔) 소설
- し(詩 시) 시
- ざっし(雑誌 잣시) 잡지
- かいわの ほん(会話の本 카이와 노홍) =ほんや(本屋 홍야) 회화책
- しょてん(書店 쇼뗑) 서점

✱ 명사와 명사 사이의 の

❑ これは（코레와） さくらの 花（사꾸라노 하나） です。（데스） 이것은 벚꽃입니다.

日本語(にほんご)の 本(ほん)（니홍고노 홍） 이것은 일본어책입니다.

私(わたし)の 名刺(めいし)（와따시노 메－시） 이것은 제 명함입니다.

✱ 동격의 の

❑ この（코노） 方(かた)は（카따와） 私(わたし)の 先生(せんせい)の 李さん（와따시노 센세－노 이상） です。（데스） 이분은 제 선생님인 이씨 입니다.

社長(しゃちょう)の 金さん（샤쬬－노 기무상） 이분은 사장님인 김씨 입니다.

日本語(にほんご)の 先生(せんせい)の 田中(たなか)さん（니홍고노 센세－노 타나까상） 이분은 일본어 선생님인 田中씨 입니다.

✱ ～의 것

❑ この（코노） 携帯(けいたい)は（케－따이와） わたし（와따시） のです。（노데스） 이 휴대폰은 제 것입니다.

あなた（아나따） 이 휴대폰은 당신 것입니다.

金さん（기무상） 이 휴대폰은 김씨 것입니다.

✱ だれ・どなた 다레 · 도나따

❑ あの人(ひと)（아노히또） は（와） だれ（다레） ですか。（데스까） 저사람은 누구입니까?

あの方(かた)（아노카따） どなた（도나따） 저분은 어느 분입니까?

한자익히기

上 위, 올리다, 오르다	음 じょう	上下(じょうげ) 죠-게	상하	上回る(うわまわ) 우와마와루	상회하다
	훈 うえ, うわ, あげる, のぼる				
中 사이, 중간, 맞음	음 ちゅう	中心(ちゅうしん) 츄-싱	중심	的中(てきちゅう) 테끼쮸-	적중
	훈 なか	夜中(よなか) 요나까	한밤중		
下 아래, 밑, 내리다, 내려가다, 낮추다	음 か, げ	下位(かい) 카이	하위	下段(げだん) 게당	하단
	훈 した, しも, もと, さげる, さがる, くだす, くださる, おろす, おりる, くだる	足下(あしもと) 아시모또	발밑	熱(ねつ)が 下(さ)がる 네쯔가 사가루	열이 내려가다

쉬어가기

일본어의 발음

일본어, 그러니까 외국어를 한국어 발음으로 옮기기란 여간 어려운 일이 아니다.
특히 か행 · た행의 경우는 더 그렇다. 「가 · 카 · 까」 세 음이 그네들에겐 전부 「가」로 들린다나?
여하간 이 책은 원음의 발음에 충실하려고 애를 썼다.(그러다보니 카 · 까음의 발음격차가 커지긴 했지만) 오디오 자료와 발음 설명을 잘 활용해 최대한 멋진 발음을 해주길 바라는 바이다.

09 여기는 田中씨 사무실입니다.

Track 09

ここは 田中(たなか)さんの 事務室(じむしつ)です。
코꼬와 타나까산노 지무시쯔 데스

テーブルの 上(うえ)に なにが ありますか。 테이블 위에 무엇이 있습니까?
테-부루노 우에니 나니가 아리마스까

いいえ、だれもいません。 아니오, 아무도 없습니다.
이-에 다레모 이마셍

❑ ここは 田中(たなか)さんの 事務室(じむしつ)です。 여기는 田中씨 사무실입니다.
코꼬와 타나까산노 지무시쯔데스

田中(たなか)さんも いますか。 田中씨도 있습니까?
타나까삼모 이마스까

いいえ、田中(たなか)さんは いません。 아니오, 田中씨는 없습니다.
이-에 타나까산와 이마셍

❑ テーブルの 上(うえ)に なにがありますか。 테이블 위에 무엇이 있습니까?
테-부루노 우에니 나니가 아리마스까

ノートパソコンや 電話(でんわ)や 新聞(しんぶん)などがあります。
노-또빠소꽁야 뎅와야 심분나도가 아리마스
노트북이랑 전화랑 신문 등이 있습니다.

❑ テーブルの そばに なにかありますか。 테이블 옆에 무언가 있습니까?
테-부루노 소바니 나니까 아리마스까

はい、あります。 예, 있습니다.
하이 아리마스

テーブルの そばには ファックスが あります。 테이블 옆에는 팩스가 있습니다.
테-부루노 소바니와 확스가 아리마스

- じむしつ (事務室 지무시쯔) 사무실
- います(이마스) 있습니다(사람, 동물)
- テーブル(테-부루) 테이블
- あります(아리마스) 있습니다(사물)
- しんぶん(新聞 심붕) 신문
- なにか(나니까) 뭔가
- だれか(다레까) 누군가
- も(모) ~도
- いません(이마셍) 없습니다
- なにが(나니가) 무엇이
- でんわ(電話 뎅와) 전화
- そば(소바) 옆, 곁
- ファックス(확스) 팩스
- だれも(다레모) 아무도

□ 事務室(じむしつ)の 中(なか)に だれか いますか。 사무실 안에 누군가 있습니까?
지무시쯔노 나까니 다레까 이마스까

いいえ、だれも いません。 아니오, 아무도 없습니다.
이-에 다레모 이마셍

Q&A

Q: なにが・なにか・だれか・だれも 등등 너무 헷갈리는데 차이점을 간략하게 설명해 주실 수는 없나요?

A: 간단합니다. なにが는 있는 것이 무엇인지를 묻는 경우이고, なにか는 있고 없음의 여부를 묻는 경우입니다. だれが(누가)・だれか(누군가)의 경우도 그러하고요. だれも는 「아무도」를, なにも는 「아무것도」를 의미합니다. 정리해 보면 다음과 같이 됩니다.

なにが 무엇이	だれが 누가	なにも 아무것도
なにか 무언가	だれか 누군가	だれも 아무도

01 지시대명사(장소)

장소를 나타내는 지시대명사에는 다음과 같은 것들이 있다.

こ 코	이	そ 소	그	あ 아	저	ど 도	어느
ここ 코꼬	여기	そこ 소꼬	거기	あそこ 아소꼬	저기	どこ 도꼬	어디

ここは どこですか。 코꼬와 도꼬데스까 여기가 어디입니까?

ソウル駅(えき)です。 소우루에끼데스 서울역입니다.

02 있다 ある 아루 · いる 이루

ある와 いる는 어떤 것의 존재를 나타내는 동사이다. 그러나 일본어는 동작성이 있느냐 없느냐에 따라, 즉 생물이냐 무생물이냐에 따라 ある · いる를 구분하여 사용한다. 정리해 보면 다음과 같이 된다.

- ある 아루: 동작성이 없는 것의 존재 (사물 · 식물)
- いる 이루: 동작성이 있는 것이 존재 (사람 · 동물)

그밖에 ある · いる의 정중형태는 あります · います이며, 이의 부정형은 ありません · いません이다. (이는 추후 동사편에서 다루겠으니 그냥 넘어가도록 한다.)

電話(でんわ)が あります。 뎅와가 아리마스 전화가 있습니다.

ねこが います。 네꼬가 이마스 고양이가 있습니다.

※ ます(마스)의 의문 → ますか(마스까)　ます(마스)의 부정 → ません(마셍)

03 무엇이 なにが 나니가 · 무언가 なにか 나니까
누가 だれが 다레가 · 누군가 だれか 다레까

なにが : 있는 것이 무엇인지를 물음(있다는 사실을 전제로 함) → 무엇이
なにか : 무엇이 있는가 없는가를 물음(있고 없음의 여부를 물음) → 무언가
だれが : 누구인지를 물음(누가 있다는 사실을 전제로 함) → 누가
だれか : 누군가 있는가 없는가를 물음(있고 없음의 존재를 물음) → 누군가

04 아무도 없습니다. だれも いません。 다레모 이마셍

상대방의 말에 긍정, 또는 승낙을 나타내는 말이다.

部屋(へや)に だれか いませんか。 헤야니 다레까 이마셍까 방에 누군가 있습니까?
いいえ、だれも いません。 이ー 에 다레모 이마셍 아니오, 아무도 없습니다.
※ 何(なに)も ありません。 아무것도 없습니다.

05 ～도 ～も 모 · ～에(존재 장소) ～に 니
～랑～랑 ～や～や 야 야 · ～등 ～など 나도

スミスさんも いますか。 스미스씨도 있습니까?
스미스상모 이마스까

ホチキスは どこに ありますか。 호치키스는 어디에 있습니까?
호치끼스와 도꼬니 아리마스까

ノートパソコンや 電話(でんわ)や 新聞(しんぶん)などが あります。 노트북이랑 전화랑 신문 등이 있습니다.
노ー 또빠소꽁야 뎅와야 심분나도가 아리마스

연습코너
일본어로 말해봅시다.
- 테이블 옆에 무언가 있습니까? | • 田中씨도 있습니까? | • 아니오, 아무도 없습니다.

회화

10 中村(なかむら)さんの 事務室(じむしつ)は どこに ありますか。

나까무라산노 지무시쯔와 도꼬니 아리마스까

Track 10

中村씨(의) 사무실은 어디에 있습니까?

事務室(じむしつ)の 中(なか)に だれか いますか。 사무실 안에 누군가 있습니까?
지무시쯔노 나까니 다레까 이마스까

いいえ、テーブルの 上(うえ)には 何(なに)も ありません。
이- 에 테-부루노 우에니와 나니모 아리마셍
아니오, 테이블 위에는 아무것도 없습니다.

金

中村(なかむら)さんの 事務室(じむしつ)は どこに ありますか。
나까무라산노 지무시쯔와 도꼬니 아리마스까
中村씨, 사무실은 어디에 있습니까?

吉田(よしだ) 요시다

あの ビルの 三階(さんがい)に あります。
아노 비루노 상가이니 아리마스
저 빌딩 3층에 있습니다.

金

入口(いりぐち)は どこですか。
이리구찌와 도꼬데스까
입구는 어디입니까?

吉田(よしだ)

あちらです。
아찌라데스
저쪽입니다.

金

事務室(じむしつ)の 中(なか)に だれか いますか。
지무시쯔노 나까니 다레까 이마스까
사무실 안에 누군가 있습니까?

吉田(よしだ)

いいえ、だれも いません。
이- 에 다레모 이마셍
아니오, 아무도 없습니다.

- うえ(上 우에) 위
- ビル(비루) 빌딩
- さんがい(三階 상가이) 3층
- いりぐち(入口 이리구찌) 입구
- あちら(아찌라) 저쪽

金 中村(なかむら)さんの テーブルの 上(うえ)に 何(なに)か ありますか。
나까무라산노 테— 부루노 우에니 나니까 아리마스까
中村씨, 테이블 위에 무언가 있습니까?

吉田(よしだ) いいえ、テーブルの 上(うえ)には 何(なに)も ありません。
이— 에 테— 부루노 우에니와 나니모 아리마셍
아니오, 테이블 위에는 아무것도 없습니다.

Japan

일본의 정치

일본의 정치는 수상을 중심으로 돌아가는 의원 내각제이다.
우리가 잘 알고 있는 천황은 이제 하나의 상징적인 의미로 임명권 수여 등의 형식적인 사무 권한만 담당하고 있다.
그로 인해 기존세대는 아직도 천황을 신봉하는 현상과 젊은이들 사이에선 국민의 세금만 까먹는 황실로 비춰지는 현상으로 양분화되어 있는 실정이다.
그래도 간혹 황실 소식이 심심찮게 들리는 것을 보면 역시 무시 못할 존재이긴 한가보다.

01 위치의 여러 형태 (ありますいます로도 대체 가능)

~は ~와	~の上(うえ)に ~노 우에니	あります 아리마스	~은	~위에	있습니다.
~は ~와	~の下(した)に ~노 시따니	あります 아리마스	~은	~밑에	있습니다.
~は ~와	~の中(なか)に ~노 나까니	あります 아리마스	~은	~안에	있습니다.
~は ~와	~のそばに ~노 소바니	あります 아리마스	~은	~곁에	있습니다.
~は ~와	~の前(まえ)に ~노 마에니	あります 아리마스	~은	~앞에	있습니다.
~は ~와	~の後(うしろ)に ~노 우시로니	あります 아리마스	~은	~뒤에	있습니다.

※ 여기서 の는 반드시 들어가야 되며, 우리말로는 안 써도 무방하다 하여 잊어서는 안된다.

tip 다음 세 문제를 맞추시는 분은 지금까지의 공부가 헛되지 않았음을 알려드립니다.

① 여기가 어디입니까?
② 여기 있습니다.
③ 저분이 누구입니까?

정답 ① ここは どこですか。
② ここに あります。
③ あの かたは どなたですか。

실용문형

✻ 길 찾기

大使館(たいしかん)は どちらですか。 타이시깐와 도찌라데스까	대사관은 어디입니까?
バス停(てい)は どちらですか。 바스떼-와 도찌라데스까	버스정류장은 어디입니까?
トイレは どこですか。 토이레와 도꼬데스까	화장실은 어디입니까?
タクシー乗(の)り場(ば)は どこですか。 타꾸시노리바와 도꼬데스까	택시정류장은 어디입니까?
入口(いりぐち)は どこに ありますか。 이리구찌와 도꼬니 아리마스까	입구는 어디에 있습니까?

✻ 장소・위치

～に あります。 니 아리마스	～에 있습니다.
～の～にあります。 노 니아리마스	～(의) ～에 있습니다.

관련어휘

- うえ(うえ 우에) 위
- なか(中 나까) 안, 속
- そば(소바) 옆, 곁
- まえ(前 마에) 앞
- むかいがわ(向い側 무까이가와) 맞은편
- むこうがわ(向う側 무꼬우가와) 건너편
- した(下 시따) 아래, 밑
- そと(外 소또) 바깥
- となり・よこ(토나리・요꼬) 옆
- うしろ(後ろ 우시로) 뒤

✻ 찾기

- ❑ 郵便局(ゆうびんきょく) 유－빙꾜꾸 は 와 どこに 도꼬니 ありますか。아리마스까 — 우체국은 어디에 있습니까?
- 金さんの 기무산노 事務室 지무시쯔 — 김씨 사무실은 어디에 있습니까?
- 電話(でんわ) 뎅와 — 전화는 어디에 있습니까?

✻ 장소

- ❑ テーブルの 테－부루노 上(うえ) 우에 に 니 あります。아리마스 — 테이블 위에 있습니다.
- テーブルの 테－부루노 下(した) 시따 — 테이블 밑에 있습니다.
- ❑ 銀行(ぎんこう)は 깅꼬－와 デパートの 데빠－또노 隣(となり) 토나리 にあります。니아리마스 — 은행은 백화점 옆에 있습니다.
- 病院(びょういん)の 뵤－잉노 前(まえ) 마에 — 은행은 병원 앞에 있습니다.

✻ なにか・だれか

- ❑ なにか 나니까 ありますか。아리마스까 — 뭔가 있습니까?
- ❑ はい、 하이 あります。아리마스 — 예, 있습니다.
- ❑ いいえ、 이－에 なにも 나니모 ありません。아리마셍 — 아니오, 아무 것도 없습니다.

- だれか　いますか。
  다레까　이마스까
  누군가 있습니까?
- はい、李さんが　います。
  하이　이상가　이마스
  예, 이씨가 있습니다.
- いいえ、だれも　いません。
  이-에　다레모　이마셍
  아니오, 아무도 없습니다.

한자익히기

前 앞, 전, 이전	음 ぜん	前日(ぜんじつ) 젠지쯔	전날	午前(ごぜん) 고젱	오전
	훈 まえ	5年前(ごねんまえ) 고넴마에	5년 전		
後 뒤, 후, 나중, 처지다	음 ご, こう	食後(しょくご) 쇼꾸고	식후	後退(こうたい) 코-따이	후퇴
	훈 のち, うしろ あと, おくれる	後程(のちほど) 노찌호도	나중		

쉬어가기

日本(にほん)の　方(かた)ですか。 일본사람입니까?
니혼노　카따데스까

물론 日本人(にほんじん)이라는 표현도 있다지만 너무 직접적인 표현이라 상대방을 천대시하는 느낌을 주기 쉽다. 그러니 표현은 정중하고 예의바르게.
지금부터 당신은 동방예의지국의 자랑스런 한국인!! 단, 답변은 ~人으로 해도 무난하다. 왜냐구? 바로 내 얘기니까…

韓国(かんこく)の　方(かた)ですか。　한국사람입니까? (한국분입니까?)
캉꼬꾸노　카따데스까

はい、韓国人(かんこくじん)です。　예, 한국사람입니다.
하이　캉꼬꾸진데스

11 따라서 말해 주십시오.

Track 11

あと　つづ　い
後に 続いて 言って ください。
아또니 츠즈이떼 읻떼 구다사이

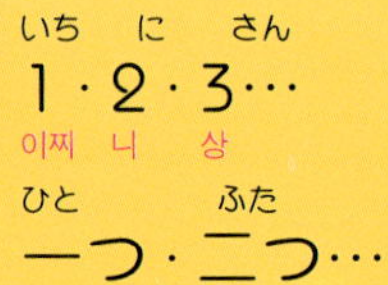

いち　に　さん
1・2・3…　　1・2・3…
이찌 니 상

ひと　ふた
一つ・二つ…　　하나・둘…
히또쯔 후따쯔

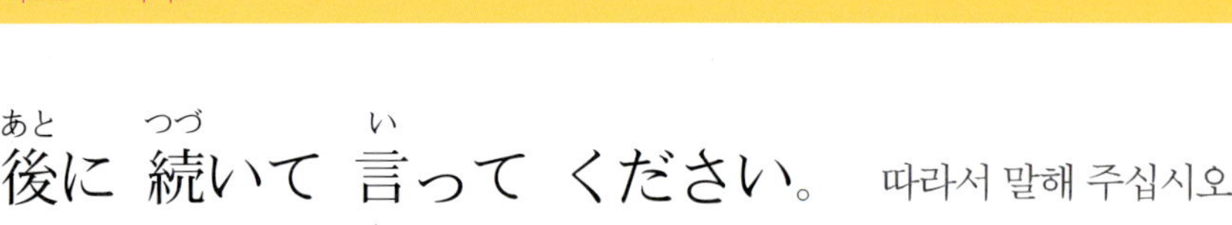

あと　つづ　い
後に 続いて 言って ください。　따라서 말해 주십시오.
아또니 츠즈이떼 읻떼 구다사이

いち 1 이찌	に 2 니	さん 3 상	し・よん 4 시・용	ご 5 고	1 2 3 4 5
ろく 6 로꾸	しち・なな 7 시찌・나나	はち 8 하찌	きゅう・く 9 큐-・쿠	じゅう 10 쥬-	6 7 8 9 10
ひと 一つ 히또쯔	ふた 二つ 후따쯔	みっ 三つ 믿쯔	よっ 四つ 욛쯔	いつ 五つ 이쯔쯔	하나, 둘, 셋, 넷, 다섯
むっ 六つ 묻쯔	なな 七つ 나나쯔	やっ 八つ 얃쯔	ここの 九つ 코꼬노쯔	とお 十 토-	여섯, 일곱, 여덟, 아홉, 열
ひとり 一人 히또리	ふたり 二人 후따리	さんにん 三人 산닝	よにん 四人 요닝	ごにん 五人 고닝	한사람, 두사람, 세사람, 네사람, 다섯사람
ろくにん 六人 로꾸닝	しちにん 七人 시찌닝	はちにん 八人 하찌닝	きゅうにん 九人 큐-닝	じゅうにん 十人 쥬-닝	여섯사람, 일곱사람, 여덟사람, 아홉사람, 열사람

- あと(後 아또) 뒤
- あとに つづいて(아또니 츠즈이떼) (뒤를) 따라서
- ～て ください(～떼 구다사이) ～해주십시오
- いって ください(잍떼 구다사이) 주십시오. 말해주세요
- つづく(續く 츠즈꾸) 따르다
- いう(言う 유-) 말하다

Q&A

Q: ある·いる를 쓰는 데도 예외가 있다던데요.

A: 예, 그렇습니다. 앞에서 우린 동작성의 유무에 따라 ある·いる를 쓴다고 배웠습니다. 하지만 예외적으로 동작성이 있더라도 존재나 소유를 강조할 때는 いる대신 ある를 쓸 수 있으며, 동작성이 없더라도 동작성을 지녔다고 보여질 때는 ある대신 いる를 쓸 수도 있습니다.

- 私(わたし)には 兄弟(きょうだい)が あります。 나에게는 형제가 있습니다.
  와따시니와 쿄-다이가 아리마스
- あちらに バスが いますね。 저쪽에 버스가 있군요.
  아찌라니 바스가 이마스네

01 1, 2, 3 · · · · 10(한자수사)

1	2	3	4	5
いち 이찌	に 니	さん 상	し·よん 시 · 용	ご 고
6	7	8	9	10
ろく 로꾸	しち·なな 시찌 · 나나	はち 하찌	きゅう·く 큐— · 쿠	じゅう 쥬

02 하나, 둘, 셋 · · · · 열(고유수사)

10을 넘는 경우에는 고유수사를 쓰지 않는다.

하나	둘	셋	넷	다섯
一つ(ひと) 히또쯔	二つ(ふた) 후따쯔	三つ(みっ) 밑쯔	四つ(よっ) 욛쯔	五つ(いつ) 이쯔쯔
여섯	일곱	여덟	아홉	열
六つ(むっ) 묻쯔	七つ(なな) 나나쯔	八つ(やっ) 얃쯔	九つ(ここの) 코꼬노쯔	十(とお) 토—

이 고유수사의 경우엔 조수사를 붙이지 않는 것을 원칙으로 하지만 여기에도 예외가 있다.

• **조수사** : 사람(명) · 마리 · 자루 · 장 · 층 등등

- 一人(ひとり) 한 명 — 히또리
- 二人(ふたり) 두 명 — 후따리
- 一箱(ひとはこ) 한 갑(한 상자) — 히또하꼬
- 二箱(ふたはこ) 두 갑(두 상자) — 후따하꼬

수사

11	12	13	14	15
じゅういち 쥬— 이찌	じゅうに 쥬— 니	じゅうさん 쥬— 상	じゅうよん 쥬— 용	じゅうご 쥬— 고
16	**17**	**18**	**19**	**20**
じゅうろく 쥬— 로꾸	じゅうしち 쥬— 시찌	じゅうはち 쥬— 하찌	じゅうきゅう 쥬— 뀨—	にじゅう 니쥬—

10	20	30	40	50
じゅう 쥬—	にじゅう 니쥬—	さんじゅう 산쥬—	よんじゅう 욘쥬—	ごじゅう 고쥬—
60	**70**	**80**	**90**	**100**
ろくじゅう 로꾸쥬—	ななじゅう 나나쥬—	はちじゅう 하찌쥬—	きゅうじゅう 큐— 쥬—	ひゃく 햐꾸

100	200	300	400	500
ひゃく 햐꾸	にひゃく 니햐꾸	さんびゃく 삼뱌꾸	よんひゃく 욘햐꾸	ごひゃく 고햐꾸
600	**700**	**800**	**900**	**1000**
ろっぴゃく 롭뺘꾸	ななひゃく 나나햐꾸	はっぴゃく 합뺘꾸	きゅうひゃく 큐— 햐꾸	せん 셍

1000	2000	3000	4000	5000
せん 셍	にせん 니셍	さんぜん 산젱	よんせん 욘셍	ごせん 고셍
6000	**7000**	**8000**	**9000**	**10000**
ろくせん 록셍	ななせん 나나셍	はっせん 핫셍	きゅうせん 큐— 셍	いちまん 이찌망

다음 숫자를 읽어보세요.

• 35 | • 300 | • 44 | • 10000

회화

12 あのう、すみません。

아노—　스미마셍

저, 여보세요.

Track 12

いっぴき いくらですか。 한 마리 얼마입니까?
입삐끼 이꾸라데스까

さんびき　まん
三匹で 3万ウォンですね。 세 마리에 3만원이군요.
삼비끼데 삼망원데스네

朴	あのう、すみません。 아노—　스미마셍	저, 여보세요.
店員(てんいん) 텡잉	いらっしゃいませ。 이랏샤이마세	어서 오세요.
朴	この いしもちは いっぴき いくらですか。 코노 이시모찌와 입삐끼 이꾸라데스까	이 조기는 한 마리에 얼마입니까?
店員(てんいん)	一万(まん)ウォンです。 이찌망원데스	만원입니다.
朴	輸入品(ゆにゅうひん)ですか。 유뉴—힌데스까	수입품입니까?
店員(てんいん)	いいえ、そうではありません。 이— 에　소— 데와아리마셍	아니오, 그렇지 않습니다.
	ぜんぶ 韓国(かんこく)の ものです。 젬부 캉꼬꾸노 모노데스	전부 한국 것입니다.

- すみません(스미마셍) 여보세요, 실례합니다.
- いらっしゃいませ(이랏샤이마세) 어서 오세요
- いしもち(이시모찌) 조기
- いっぴき(입삐끼) 한마리
- いくら(이꾸라) 얼마
- ウォン(웡) 원
- ゆにゅうひん(輸入品 유뉴－힝) 수입품
- ぜんぶ(젬부) 전부

朴	では、さんびき ください。 데와 삼비끼 구다사이	그럼, 세 마리 주세요.
	三匹(さんびき)で 3万(まん)ウォンですね。 삼비끼데 심망원데스네	세 마리에 3만원이군요.
店員(てんいん)	はい、どうも ありがとうございます。 하이 도－모 아리가또－ 고자이마스	예, 감사합니다.

Japan

일본의 정치

일본의 국회는 중의원과 참의원의 이원제를 채택한 국권 최고의 기관이자 입법기관이다. 의회의 의사는 이 중의원과 참의원의 의사가 일치되어야 하며, 재의결 시에는 중의원의 의견이 우선시 되고, 이들 중의원은 수상의 권한으로 해산시킬 수도 있다. 중의원의 임기는 4년이며, 참의원의 임기는 6년으로서 더 길긴 하나 중의원에 비해 그 우월성이 떨어진다.

衆議院(しゅうぎいん) 슈-기잉	중의원	参議院(さんぎいん) 상기잉	참의원

01 미안합니다 · 고맙습니다 · 저, 여보세요. すみません 스미마셍

원래의 뜻은 '미안하다' 라는 뜻이지만 감사의 의미로도 쓰이고, 상점이나 식당에서 돈을 낼 때나 말을 걸 때에도 쓰인다.

すみません。 스미마셍	여보세요?
これは いくらですか。 코레와 이꾸라데스까	이것은 얼마입니까?

02 어서 오십시오. いらっしゃいませ 이랏샤이마세

손님을 맞이할 때 쓰이는 표현이다.

03 ～에 ～で 데

수량을 나타내는 명사와 접속하여 「～에」라는 뜻을 나타낸다. 단 2개 이상일 때만 ～で를 씀에 유의한다.

この いしもちは いっぴき いくらですか。 코노 이시모찌와 입삐끼 이꾸라데스까	이 조기는 한 마리에 얼마입니까?
三匹(さんびき)で いくらですか。 삼비끼데 이꾸라데스까	세 마리에 얼마입니까?
ぜんぶで いくらですか。 젬부데 이꾸라데스까	전부 얼마입니까?
みんなで いくらですか。 민나데 이꾸라데스까	모두 얼마입니까?

04 주십시오(주세요) ください 구다사이

부탁이나 명령을 할 때에 쓰인다. 조사 「を」가 올 때도 있으나 회화체에서는 생략하는 경우가 많다.

いっぴき ください。 입삐끼 구다사이	한마리 주세요.

실용문형

✱ 점원

いらっしゃいませ。 어서 오십시오.
이랏샤이마세

これは いかがですか。 이것은 어떠십니까?
코레와 이까가데스까

なに
何を おさがしですか。 무엇을 찾으십니까?
나니오 오사가시데스까

✱ 쇼핑

いくらですか。 얼마입니까?
이꾸라데스까

～をください～。 ～을 주십시오.
~오 구다사이

～は どこに ありますか。 ～은 어디에 있습니까?
와 도꼬니 아리마스까

これに します。 이것으로 하겠습니다.
코레니 시마스

관련어휘

- かいもの(買い物 카이모노) 쇼핑
- いくら(이꾸라) 얼마
- みせ(店 미세) 가게
- しなぎれ(品切れ 시나기레) 품절
- たかい(高い 타까이) 비싸다
- やすい(安い 야스이) 싸다
- デパート(데빠－또) 백화점
- ねだん(値段 네당) 가격

조수사

- まい(枚 마이) 장 — 얇고 팽팽한 것—종이(かみ 카미), 접시(さら 사라), 봉투(ふうとう 후—또—)
- ほん(本 홍) 자루 — 가늘고 긴 것—우산(かさ 카사), 병(びん 빙)
- さつ(冊 사쯔) 권 — 책(ほん 홍), 노트(ノート 노—또)

	まい		ほん		さつ	
1	いちまい	이찌마이	いっぽん	입뽕	いっさつ	잇사쯔
2	にまい	니마이	にほん	니홍	にさつ	니사쯔
3	さんまい	삼마이	さんぼん	삼봉	さんさつ	산사쯔
4	よんまい	욤마이	よんほん	욘홍	よんさつ	욘사쯔
5	ごまい	고마이	ごほん	고홍	ごさつ	고사쯔
6	ろくまい	로꾸마이	ろっぽん	롭뽕	ろくさつ	록사쯔
7	しち・ななまい	시찌・나나마이	しち・ななほん	시찌・나나홍	ななさつ	나나사쯔
8	はちまい	하찌마이	はちほん・はっぽん	하찌홍・합뽕	はっさつ	핫사쯔
9	きゅうまい	큐—마이	きゅうほん	큐—홍	きゅうさつ	큐-사쯔
10	じゅうまい	쥬—마이	じゅっぽん・じっぽん	쥽뽕・집뽕	じゅっさつ・じっさつ	쥿사쯔・짓사쯔
何	なんまい	남마이	なんぼん	남봉	なんさつ	난사쯔

- ひき(匹 히끼) 마리 — 작은동물—고양이(ねこ 네꼬), 생선(さかな 사까나), 개(いぬ 이누)
- かい(階 까이) 층 — 층
- そく(足 소꾸) 켤레 — 구두(くつ 쿠쯔), 양말(くつした 쿠쯔시따)

	ひき		かい		そく	
1	いっぴき	입삐끼	いっかい	익까이	いっそく	잇소꾸
2	にひき	니히끼	にかい	니까이	にそく	니소꾸
3	さんびき	삼비끼	さんがい	상가이	さんぞく	산조꾸
4	よんひき	욘히끼	よんかい	용까이	よんそく	욘소꾸
5	ごひき	고히끼	ごかい	고까이	ごそく	고소꾸
6	ろっぴき	롭삐끼	ろっかい	록까이	ろくそく	록소꾸
7	しち・ななひき	시찌・나나히끼	ななかい	나나까이	ななそく	나나소꾸
8	はちひき・はっぴき	하찌히끼・합삐끼	はっかい	학까이	はちそく・はっそく	하찌소꾸・핫소꾸
9	きゅうひき	큐–히끼	きゅうかい	큐–까이	きゅうそく	큐–소꾸
10	じゅっぴき・じっぴき	쥽삐끼・집삐끼	じゅっかい・じっかい	쥭까이・직까이	じゅっそく・じっそく	쥿소꾸・짓소꾸
何	なんびき	남비끼	なんがい	낭가이	なんぞく	난조꾸

※ とう(頭 토-) ~마리, 큰 동물(소, 말)　こ(個 코) ~개, 작은 물건　わ(羽 와) ~마리, 새
はい(杯 하이) ~잔, 물, 음료수　けん(軒 캥) ~채, 집　だい(台 다이) ~대, 기계, 자동차

한자익히기

学 학교, 학문, 배우다	음 がく	学生(がくせい) 각세–	학생	学問(がくもん) 가꾸몽	학문
	훈 まなぶ	学校(がっこう) 각꼬–	학교		
校 학교	음 こう	登校(とうこう) 토–꼬–	등교	下校(げこう) 게꼬–	하교
	훈 —				
本 책, 근본, 기원	음 ほん	基本(きほん) 기홍	기본	資本(しほん) 시홍	자본
	훈 もと	大本(おおもと) 오–모또	대본, 근본		

쉬어가기!

발음은 정확히!!

어느 나라 말이나 발음의 문제는 중요하다지만 앞에서 배운 탁음이 있는 일본어는 더욱 그러하다. 청음과 탁음, 그 점 두 개의 발음 차이로 인해 의미는 엄청난 차이를 불러올 수 있으니까 말이다.

- かぎ 열쇠 (카기)　かき 감 (카끼)
- かんこく 한국 (캉꼬꾸)　かんごく 감옥 (캉고꾸)

13 일본요리에서는 무엇이 가장 맛있습니까?

Track 13

日本(にほん)の 料理(りょうり)では 何(なに)が いちばん おいしいですか。
니혼노 료-리데와 나니가 이찌방 오이시- 데스까

この 大(おお)きい 魚(さかな)は 高(たか)いですか。 이 큰 생선은 비쌉니까?
코노 오-끼- 사까나와 타까이데스까

その 魚(さかな)は 安(やす)く ありませんが、おいしいです。 그 생선은 싸지 않지만 맛있습니다.
소노 사까나와 야스꾸 아리마셍가 오이시- 데스

□ 日本(にほん)の 料理(りょうり)では 何(なに)が いちばん おいしいですか。
니혼노 료-리데와 나니가 이찌방 오이시- 데스까
일본요리에서는 무엇이 제일 맛있습니까?

さしみが いちばん おいしいです。 생선회가 제일 맛있습니다.
사시미가 이찌방 오이시- 데스

□ この 大(おお)きい 魚(さかな)は 高(たか)いですか。 이 큰 생선은 비쌉니까?
코노 오-끼이 사까나와 타까이데스까

はい、少(すこ)し 高(たか)いです。 예, 좀 비쌉니다.
하이 스꼬시 타까이데스

□ その 魚(さかな)は 安(やす)く ありませんが、おいしいです。
소노 사까나와 야스꾸 아리마셍가 오이시- 데스
그 생선은 싸지 않지만, 맛있습니다.

새어휘

- にほん(日本 니홍) 일본
- ～では(데와) ～에서는
- おいしい(오이시－) 맛있다
- おおきい(大きい 오－끼이) 크다
- すこし(少し 스꼬시) 좀, 조금
- やすい(安い 야스이) 싸다
- りょうり(料理 료－리) 요리
- いちばん(이찌방) 가장, 제일
- さしみ(사시미) 사시미, 회
- さかな(魚 사까나) 생선
- たかい(高い 타까이) 비싸다

Q&A

Q: 지금까지 「ありません」이란 단어가 꽤 여러 번 등장했는데 잘 정리가 안됩니다. 다시 한 번 간단히 설명해 주시면 좋겠는데…

A: 우선 명사에서 「～이 아닙니다」의 「～ではありません」, 「ある, いる」의 「ありません(없습니다)」, 그리고 이번 과에서 나온 형용사 くありません이 있습니다. (자세한 설명은 포인트 학습 참조)

01 형용사란? (그 형태가 い로 끝나는 것)

형용사란 사물의 성질과 상태를 나타내며 단독으로 술어가 될 수 있다. 우리말은 의미로 형용사를 분류하는 데 비해 일본어는 형태(い로 끝남)로 분류한다.

汽車(きしゃ)は 長(なが)い。 키샤와 나가이 기차는 길다.

汽車(きしゃ)は はやい。 키샤와 하야이 기차는 빠르다.

02 형용사의 정중형 형용사 い+です

원형=기본형

형용사의 기본형에 です를 접속하여 표현한다.

この 本(ほん)は おもしろい。→ この 本(ほん)は おもしろいです。 이 책은 재미있습니다.

코노 혼와 오모시로이 → 코노 혼와 오모시로이데스

03 형용사가 명사를 수식할 때 형용사 い+명사

これは 新(あたら)しい くつです。 코레와 아따라시- 구쯔데스 이것은 새구두입니다.

この 大(おお)きい 魚(さかな)は 高(たか)いですか。 코노 오-끼- 사까나와 타까이데스까 이 큰 생선은 비쌉니까?

04 형용사의 부정형 형용사 い → く+ない・ありません (정중형)

형용사의 부정형을 만들고 싶을 때는 형용사 い를 く로 바꾸고 ない를 접속시키면 된다.
ない의 정중표현은 「ないです」 또는 「ありません」이 된다.

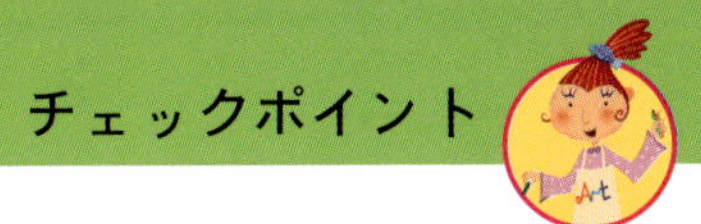

※ ない 역시 い로 끝났으므로 です를 접속시킬 때 그냥 그 형태대로 접속하면 된다. 억지로 규칙만 외우려 들지 말고 형용사를 부정형으로 바꾸어 말해 보는 연습을 하자.

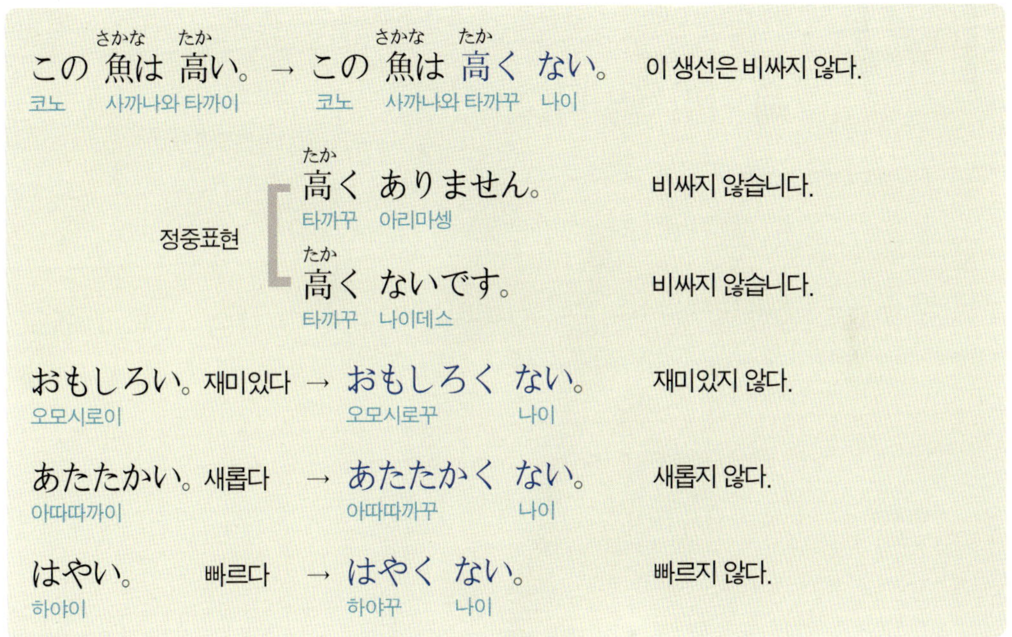

この 魚(さかな)は 高(たか)い。 → この 魚(さかな)は 高(たか)く ない。 이 생선은 비싸지 않다.
코노 사까나와 타까이 → 코노 사까나와 타까꾸 나이

정중표현
- 高(たか)く ありません。 비싸지 않습니다.
  타까꾸 아리마셍
- 高(たか)く ないです。 비싸지 않습니다.
  타까꾸 나이데스

おもしろい。 재미있다 → おもしろく ない。 재미있지 않다.
오모시로이 → 오모시로꾸 나이

あたたかい。 새롭다 → あたたかく ない。 새롭지 않다.
아따따까이 → 아따따까꾸 나이

はやい。 빠르다 → はやく ない。 빠르지 않다.
하야이 → 하야꾸 나이

05 ～지만 ～が

여기서는 역접의 의미로 쓰이고 있다.

高(たか)いですが、おいしいです。 타까이데스가 오이시― 데스 비싸지만 맛있습니다.

일본어로 말해봅시다.
- 일본요리에서는 무엇이 제일 맛있습니까? | • 좀 비쌉니다. | • 싸지 않지만 맛있습니다.

회화

14 新しい アパートです。

あたら

아따라시— 아빠— 또데스

새 아파트입니다.

Track 14

あまり 広く ありませんが、とても 明るいです。
아마리 히로꾸 아리마셍가 토떼모 아까루이데스

ちょっと 高いです。
춋또 타까이데스

그다지 넓지 않지만, 매우 밝습니다.
좀 비쌉니다.

不動産屋(ふどうさんや) 후도-상야	新しい アパートです。 아따라시— 아빠— 또데스	새 아파트입니다.
金	とても 明るいですね。 토떼모 아까루이데스네	매우 밝군요.
不動産屋(ふどうさんや)	ええ、あまり 広く ありませんが、 에— 아마리 히로꾸 아리마셍가	그다지 넓지 않지만,
	とても 明るいです。 토떼모 아까루이데스	매우 밝습니다.
	それに ひあたりも いいです。 소레니 히아따리모 이— 데스	게다가 햇볕도 잘 듭니다.
金	かぜとおしは どうですか。 카제도— 시와 도— 데스까	통풍은 어떻습니까?
不動産屋(ふどうさんや)	もちろん いいです。 모찌롱 이— 데스	물론 좋습니다.
	いかがですか。 이까가데스까	어떠십니까?
金	家賃(やちん)は いくらですか。 야찐와 이꾸라데스까	집세는 얼마입니까?

- あたらしい(新しい 아따라시－) 새롭다
- あまり(아마리) 그다지
- それに(소레니) 게다가
- かぜとおし(카제도－시) 통풍
- いい(이－) 좋다
- もちろん(모찌롱) 물론
- やちん(家賃 야찡) 집세
- いくら(이꾸라) 얼마
- ふどうさんや(不動産屋 후도－상야) 부동산 소개업자
- アパート(아빠－또) 아파트
- ひろい(広い 히로이) 넓다
- ひあたり(히아따리) 햇볕이 듦

不動産屋(ふどうさんや)	5万円(まんえん)です。 고망엔데스	5만엔입니다.
金	ちょっと 高(たか)いです。 춈또 타까이데스	좀 비쌉니다.

Japan

일본의 국경일

1月 1日	정월 초하루	7月 20日	해양의 날, 바다의 날
1月 15日	성인의 날	9月 15日	경로의 날
2月 11日	건국기념일	9月 23日	추분
3月 21日	춘분	10月 11日	체육의 날
4月 29日	녹색의 날	11月 3日	문화의 날
5月 3日	헌법기념일	11月 23日	근로감사의 날
5月 5日	어린이날	12月 23日	천황탄생일

01 대단히, 매우 とても 토떼모

부사로 「대단히, 매우」라는 뜻을 지니고 있다.

とても 明(あか)るいです。	토떼모 아까루이데스	매우 밝습니다.
とても いいです。	토떼모 이-데스	매우 좋습니다.

02 그다지, 별로 あまり 아마리

「あまり」 뒤에 부정문이 오면 「그다지, 별로」라는 의미로 쓰인다.

あまり 広(ひろ)く ありません。	아마리 히로꾸 아리마셍	그다지 넓지 않습니다.
さしみは あまり すきではありません。	사시미와 아마리 스끼데와아리마셍	회는 그다지 좋아하지 않습니다.

03 게다가 それに 소레니

彼(かれ)は 背(せ)が 高(たか)いし、それに 頭(あたま)も いい。	카레와 세가 타까이시 소레니 아따마모 이이	그는 키가 크다, 게다가 머리도 좋다.

04 좀, 조금, 잠깐 ちょっと 춋또

ちょっと 高(たか)いです。	춋또 타까이데스	좀 비쌉니다.
ちょっと 待(ま)って ください。	춋또 맏떼 구다사이	잠깐 기다려 주십시오.

실용문형

✱ 집을 구할 때

アパートを 探(さが)して いるんです。 아빠― 또오 사가시떼 이룬데스	아파트를 찾고 있습니다.
ご予算(よさん)は。 고요산와	예산은?
どんな ところが いいですか。 돈나 도꼬로가 이― 데스까	어떤 곳이 좋습니까?
家賃(やちん)は おいくらですか。 야찐와 오이꾸라데스까	집세는 얼마입니까?

✱ 질문

どの へんですか。 도노 헨데스까	어디쯤입니까?
どんな 間取(まど)りですか。 돈나 마도리데스까	어떤 구조입니까?

✱ 부동산 소개업자

新(あたら)しい アパートです。 아따라시― 아빠― 또데스	새 아파트입니다.
ひあたりも いいです。 히아따리모 이― 데스	햇볕도 잘 듭니다.
ちょうど いい ところが ございます。 쵸― 도 이― 도꼬로가 고자이마스	마침 좋은 곳이 있습니다.

관련어휘

- アパート(아빠―또) 아파트(저층)
- マンション(만숑) 맨션(고층)
- にもつ(荷物 니모쯔) 짐
- アパートさがし(アパート探し 아빠―또 사가시) 아파트 구하기
- ふどうさんや(不動産屋 후도―상야) 부동산 소개업자
- よさん(予算 요상) 예산
- やちん(家賃 야찡) 집세
- へや(部屋 헤야) 방

□ 電車(でんしゃ)は 덴샤와 はやい。 하야이 — 전차는 빠르다.

安(やす)い。 야스이 — 전차는 싸다.

□ おいしい 오이시— なし 나시 — 맛있는 배

広(ひろ)い 히로이 部屋(へや) 헤야 — 넓은 방

おもしろい 오모시로이 雑誌(ざっし) 잣시 — 재미있는 잡지

□ 安(やす)く 야스꾸 ありませんが、 아리마셍가 おいしいです。 오이시— 데스 — 싸지 않지만 맛있습니다.

□ 広(ひろ)く 히로꾸 ありませんが、 아리마셍가 明(あか)るいです。 아까루이데스 — 넓지 않지만 밝습니다.

□ 近(ちか)く 치까꾸 ありませんが、 아리마셍가 安(やす)いです。 야스이데스 — 가깝지 않지만 쌉니다.

□ 家賃(やちん)は 야찐와 いくらですか。 이꾸라데스까 — 집세는 얼마입니까?

□ ~円(えん)です。 엔데스 — ~엔입니다.

□ ちょっと 춋또 高(たか)いです。 타까이데스 — 좀 비쌉니다.

한자익히기

高 높다, 높아지다, 높이다, 비싸다	음 こう	高価(こうか) 코-까 고가	高級(こうきゅう) 코-뀨- 고급
	훈 たかい, たかまる たかめる	声(こえ)が 高(たか)まる 코에가 타까마루	소리가 높아지다.
低 낮다, 작다, 낮추다, 굽히다.	음 てい 훈 ひくい, ひくめる	低温(ていおん) 테-옹 저온	最低(さいてい) 사이떼- 최저
安 싸다, 편안하다	음 あん 훈 やすい	安心(あんしん) 안싱 안심	不安(ふあん) 후앙 불안

쉬어가기

일본의 이사문화

일본인의 이사는 꽤나 까다롭다. 보증인도 필요하고, 보증금(敷金), 사례금(礼金), 계약수수료(手数料), 집세(家賃) 등 내야 할 것도 많고… 더군다나 우리같은 외국인은 보증인을 구하는 것 자체가 하늘의 별따기인데다, 월세라지만 적어도 6개월치 이상의 돈이 필요하니 그 또한 만만치 않다. 평생 집 하나 장만하기가 어려운 그네들, 못자국 하나만 나도 보증금에서 깐다니 사실 나중에 받을 돈도 별로 없다나.

※ OLDK

리빙, 다이닝, 키친의 약자로 ㅇ부분은 방의 개수. 거실, 식당, 부엌이 딸린 집이라는 주택구조를 약어로 나타낸 것이다.

15 테스트는 몇 시부터입니까?

Track 15

テストは 何時(なんじ)からですか。
테스또와 난지까라데스까

テストは 何時(なんじ)からですか。 테스트는 몇 시부터입니까?
테스또와 난지까라데스까

今(いま) 何時(なんじ)ですか。 지금 몇 시입니까?
이마 난지데스까

❑ テストは 何時(なんじ)からですか。 테스또와 난지까라데스까	테스트는 몇 시부터입니까?
ちょうど 2時(じ)からです。 쵸-도 니지까라데스	정각 2시부터입니다.
たいへんですね。 타이헨데스네	힘들겠군요.
❑ あしたも ありますか。 아시따모 아리마스까	내일도 있습니까?
はい、あります。 하이 아리마스	예, 있습니다.
❑ 今(いま) 何時(なんじ)ですか。 이마 난지데스까	지금 몇 시입니까?
2時(じ) 30分(ぷん)まえです。 니지 산집뿐마에데스	2시 30분 전입니다.

새어휘

- テスト(테스또) 테스트
- なんじ(何時 난지) 몇 시
- から(카라) 부터
- ちょうど(쵸-도) 정각
- たいへん(大変 타이헹) 큰일
- あした(아시따) 내일
- そうです(소-데스) 그렇습니다
- いま(今 이마) 지금
- まえ(前 마에) 전

Q&A

Q: 앞에서 「なんですか」를 배울 때 「な·た·だ」 行 앞에선 「なに」가 「なん」으로 발음된다고 배웠습니다. 예를 들어 구체적으로 설명해 주셨으면 좋겠습니다.

A: 何의 경우 원래 혼자의 발음은 「なに」이나, 뒤에 「な·た·だ」에 行이 오는 경우엔 i모음이 탈락하여 「なに(nani)」가 「なん(nan)」이 됩니다.

- なんの 난노　なに語(ご) 나니고　なんで 난데　なにを 나니오

key: なに(나니) + 「な(나)·た(타)·だ(다)」行 → [nan](난)

시간개념 익히기

시 時(じ) 지

いちじ 1時 이찌지	にじ 2時 니지	さんじ 3時 산지	よじ 4時 요지	ごじ 5時 고지	ろくじ 6時 로꾸지	しちじ 7時 시찌지
はちじ 8時 하찌지	くじ 9時 쿠지	じゅうじ 10時 쥬―지	じゅういちじ 11時 쥬―이찌지	じゅうにじ 12時 쥬―니지	なんじ 何時 난―지	

※ 4시, 9시의 발음에 주의하세요.

분 分(ふん) 훙

いっぷん 1分 입뿡	にふん 2分 니훙	さんぷん 3分 삼뿡	よんぷん 4分 욤뿡	ごふん 5分 고훙	ろっぷん 6分 롭뿡
ななふん 7分 나나훙	はっぷん 8分 합뿡	きゅうふん 9分 큐―훙	じゅっぷん・じっぷん 10分 쥽뿡 · 집뿡	なんぷん 何分 남뿡	

※ 3분, 4분, 6분, 8분, 10분의 발음에 주의하세요.

초 秒(びょう) 뵤―

いちびょう 1秒 이찌뵤―	にびょう 2秒 니뵤―	さんびょう 3秒 삼뵤―	よんびょう 4秒 욤뵤―	ごびょう 5秒 고뵤―	ろくびょう 6秒 로꾸뵤―
ななびょう 7秒 나나뵤―	はちびょう 8秒 하찌뵤―	きゅうびょう 9秒 큐―뵤―	じゅうびょう 10秒 쥬―뵤―	なんびょう 何秒 남뵤―	

04 시간과 관련된 여러가지 표현

「そうです」 그렇습니다의 감탄조로 「그렇군요」에 해당된다.

ちょうど 쵸-도	정각	ちょうど 2時(じ)です。 쵸-도 니지데스	정각 2시입니다.
いま 今 이마	지금	今(いま) 何時(なんじ)ですか。 이마 난지데스까	지금 몇 시입니까?
まえ 前 마에	전	1時(じ) 5分(ふん)まえです。 이찌지 고훙마에데스	1시 5분 전입니다.
すぎ 스기	지남	12時(じ)すぎです。 쥬-니지스기데스	12시 지났습니다.
はん 半 항	반	10時(じ)半(はん)です。 쥬-지한데스	10시 반입니다.

05 ~부터 ~から 까라

주로 まで와 함께 쓰이며 ~から, ~まで(~에서(부터) ~까지)의 형태로 시작과 끝을 나타내 준다.

テストは 何時(なんじ)からですか。 테스또와 난지까라데스까 테스트는 몇 시부터입니까?

授業(じゅぎょう)は 何時(なんじ)から 何時(なんじ)までですか。 수업은 몇 시부터 몇 시까지입니까?
쥬교-와 난지까라 난지마데데스까

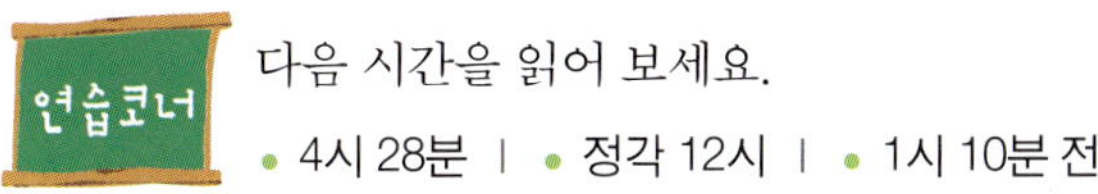

다음 시간을 읽어 보세요.

- 4시 28분 | • 정각 12시 | • 1시 10분 전

회화

16 いつごろですか。

이쯔고로데스까

언제쯤입니까?

Track 16

いつごろですか。 언제쯤입니까?
이쯔고로데스까

財布(さいふ)は どこに ありましたか。 지갑은 어디에 있었습니까?
사이후와 도꼬니 아리마시따까

田中(たなか) 타나까	何(なん)ですって。ほんとうですか。 난데슷떼 혼또－ 데스까	뭐라고요. 정말입니까?
	財布(さいふ)は どこに ありましたか。 사이후와 도꼬니 아리마시따까	지갑은 어디에 있었습니까?
金	かばんの 中(なか)に ありました。 카반노 나까니 아리마시따	가방 속에 있었습니다.
田中(たなか)	いつごろですか。 이쯔고로데스까	언제쯤입니까?
金	きょうの あさです。 쿄－노 아사데스	오늘 아침입니다.
田中(たなか)	いくらぐらい ありましたか。 이꾸라구라이 아리마시따까	얼마쯤 있었습니까?
金	2万円(まんえん)ぐらいです。 니망엥구라이데스	2만엔 정도입니다.

새어휘

- いつ(이쯔) 언제
- さいふ(財布 사이후) 지갑
- きょう(今日 쿄-) 오늘
- あさ(朝 아사) 아침
- いくら(이꾸라) 얼마
- ぐらい(구라이) 정도
- ちゃいろ(茶色 챠이로) 갈색
- かわ(革 카와) 가죽
- ごろ(고로) ~쯤
- かばん(카방) 가방

田中(たなか) どんな 財布(さいふ)ですか。 어떤 지갑입니까?
돈나 사이후데스까

金 茶色(ちゃいろ)の 革(かわ)の ものです。 갈색 가죽지갑입니다.
챠이로노 카와노 모노데스

Japan

일본의 연호

昭和(しょうわ) (1926~1989년)
쇼-와

平成(へいせい) (1989~)
헤-세-

일본은 서기력과 연호를 병행하여 쓰는 국가이다. 일본은 천황이 존재하는 국가이므로 천황의 즉위 시점에 따라 그 연호가 개정되는 것이다.

※ 연호 元号(げんごう)
겡고-

01 ~라고요 ですって 데슷떼

주로 회화체에서만 쓰이며 「って」는 ～という(~라고 하는)의 압축된 말씨이다.

何(なん)ですって。 난데슷떼	뭐라고요?

전문을 나타내는 경우도 있는데, 긍정과 의문의 두 가지 의미를 갖는다.

金さんが 学校(がっこう)を やめるんですって。 기무상가 각꼬—오 야메룬데슷떼	김씨가 학교를 그만둔대요. 그만둔다죠?

02 쯤, 경 ～ごろ 고로

何時(なんじ)ごろ 寝(ね)ますか。	난지고로 네마스까	몇 시쯤 잡니까?

03 오늘·아침 きょう·あさ 쿄—·아사

뒤에서도 다루겠지만 때를 나타내는 말에는 다음과 같은 것들이 있다.

昨日(きのう) 키노— 어제	今日(きょう) 쿄— 오늘	明日(あした) 아시따 내일	あさ 아사 아침
よる 요루 = ばん 방 밤	ひる 히루 낮	ごぜん 고젱 오전	ごご 고고 오후

04 ありますの 과거형 ありました

「ます」는 동사에 접속하여 정중형을 만든다. 이때 ある는 동사이며, あり가 되어 ます에 접속한다. 즉 ます의 과거는 ました가 되는 셈이다.

실용문형

✱ 도움을 요청할 때

助(たす)けて ください。 도와 주십시오.
타스께떼 구다사이

〜を 盗(ぬす)まれました。 〜을 도난당했습니다.
~오 누스마레마시따

お金(かね)を なくしました。 〜을 분실했습니다.
오까네오 나꾸시마시따

遺失物係(いしつぶつがかり)は どこに ありますか。 유실물계는 어디 있습니까?
이시쯔부쯔가까리와 도꼬니 아리마스까

〜を すられました。 〜을 소매치기 당했습니다.
~오 스라레마시따

✱ 질문

いくら 入(はい)って いましたか。 얼마 들어있었습니까?
이꾸라 하잍떼 이마시따까

どこで なくしましたか。 어디서 잃어버렸습니까?
도꼬데 나꾸시마시따까

何(なに)を とられましたか。 무엇을 도둑맞았습니까?
나니오 토라레마시따까

관련어휘

- たすける(助ける 타스께루) 돕다
- げんきん(現金 겡낑) 현금
- おまわりさん(오마와리상) 순경
- ふんしつ(紛失 훈시쯔) 분실
- とどけで(届け出 토도께데) 신고
- さいふ(財布 사이후) 지갑
- とられる(토라레루) 도둑맞다
- パスポート(빠스뽀－또) 여권

- テスト(테스또) / 授業(じゅぎょう)(쥬교-) / パーティー(빠-띠-) は(와) 何時(なんじ)からですか。(난지까라데스까)

テスト は 何時からですか。	테스트는 몇 시부터입니까?
授業	수업은 몇 시부터입니까?
パーティー	파티는 몇 시부터입니까?

- 今(いま)(이마) … です。(데스)

9時(じ) 30分(쿠지 산집뿐)	지금 9시30분입니다.
ちょうど 12時(じ)(쵸-도 쥬니지)	지금 정각 12시입니다.
1時(じ) 10分前(まえ)(이찌지 집뿡마에)	지금 1시 10분 전입니다.
12時(じ)すぎ(쥬니지스기)	지금 12시 지났습니다.
3時半(じはん)(산지항)	지금 3시 반입니다.

- 財布(さいふ)は

どこに ありましたか。(도꼬니 아리마시따까)	지갑은 어디에 있었습니까?
かばんの 中(なか)に ありました。(카반노 나까니 아리마시따)	지갑은 가방 속에 있었습니다.
引(ひ)き出(だ)しの 中(なか)に ありました。(히끼다시노 나까니 아리마시따)	지갑은 서랍 속에 있었습니다.

한자익히기

行 가다, 하다, 행하다	음 こう, ぎょう, あん	旅行(りょこう) 료꼬–	여행	行儀(ぎょうぎ) 교–기	예의범절
	훈 いく, ゆ, おこなう	行脚(あんぎゃ) 앙갸	행각	行き来(ゆきき) 유끼끼	왕래
来 오다, 오는	음 らい	往来(おうらい) 오–라이	왕래	将来(しょうらい) 쇼–라이	장래
	훈 くる, きたる				
出 나오(가)다, 나타나다 (보)내다, 나타내다	음 しゅう, すい	外出(がいしゅつ) 가이슈쯔	외출	出納(すいとう) 스이또–	출납
	훈 でる, だす	出口(でぐち) 데구찌	출구		

쉬어가기

알아두면 유익한 긴급전화

- **범죄신고** 110
- **화재신고, 구급차** 119
- **전화고장** 113
- **전화번호 문의** 104

화재신고와 구급차의 경우엔 우리와 같은 점이 재미있다.
외국에서 어려운 일을 당하면, 그것만큼 난감한 일도 없는 법. 최소한 110, 119 정도는 알아두면 유익한 경우가 많을 것이다. 하지만 무엇보다 최우선은 조심 또 조심. 여권이나 여행자수표 등은 사전에 미리미리 체크하는 습관을 들이자.

17 오늘은 몇 월 며칠입니까?

Track 17

きょうは 何月(なんがつ)、何日(なんにち)ですか。
쿄-와 낭가쯔 난니쯔데스까

きょうは 何月(なんがつ)、何日(なんにち)ですか。 오늘은 몇 월 며칠입니까?
쿄-와 낭가쯔 난니쯔데스까

あなたの お誕生日(たんじょうび)は いつですか。 당신의 생일은 언제입니까?
아나따노 오딴죠-비와 이쯔데스까

□ きょうは 何月(なんがつ)、何日(なんにち)ですか。 — 오늘은 몇 월, 며칠입니까?
쿄-와 낭가쯔 난니찌데스까

きょうは 4月24日です。 — 오늘은 4월 24일입니다.
쿄-와 시가쯔 니쥬-욕까데스

□ あなたの お誕生日(たんじょうび)は いつですか。 — 당신의 생일은 언제입니까?
아나따노 오딴죠-비와 이쯔데스까

私(わたし)の 誕生日(たんじょうび)は 4月24日です。 — 제 생일은 4월 24일입니다.
와따시노 탄죠-비와 시가쯔니쥬-욕까데스

ほんとうですか。 — 정말입니까?
혼또-데스까

お誕生日(たんじょうび) おめでとうございます。 — 생일 축하합니다.
오딴죠-비 오메데또-고자이마스

새어휘

- なんがつ(何月 낭가쯔) 몇 월
- なんにち(何日 난니찌) 며칠
- おたんじょうび(お誕生日 오딴죠－비) 생일
- ほんとうですか(혼또－데스까) 정말입니까?
- おめでとうございます(오메데또－고자이마스) 축하합니다

Q&A

Q: 24일을 읽는 법이 약간은 특이한 것 같은데요.

A: 예, 그렇습니다. 1일부터 10일까지는 고유수사와 같이 일본고유어를 사용하고 11일부터는 한자수사에 日을 붙여 씁니다. 하지만 14, 20, 24일은 좀 특별하지요. 읽는 법은 Key Point와 같습니다. (1～10일까지는 포인트 학습 참조)

key

14일 (じゅうよっか) 쥬－욕까　20일 (はつか) 하쯔까　24일 (にじゅうよっか) 니쥬－욕까

년·월·일 개념 익히기

년 年(ねん) 넹

いちねん 1年 이찌넹	にねん 2年 니넹	さんねん 3年 산넹	よねん 4年 요넹	ごねん 5年 고넹	ろくねん 6年 로꾸넹
しちねん 7年 시찌넹	はちねん 8年 하찌넹	きゅうねん 9年 큐–넹	じゅうねん 10年 쥬–넹	なんねん 何年 난넹	

월 月(がつ) 가쯔

いちがつ 1月 이찌가쯔	にがつ 2月 니가쯔	さんがつ 3月 상가쯔	しがつ 4月 시가쯔	ごがつ 5月 고가쯔	ろくがつ 6月 로꾸가쯔	しちがつ 7月 시찌가쯔
はちがつ 8月 하찌가쯔	くがつ 9月 쿠가쯔	じゅうがつ 10月 쥬–가쯔	じゅういちがつ 11月 쥬–이찌가쯔	じゅうにがつ 12月 쥬–니가쯔	なんがつ 何月 낭가쯔	

일 日(にち) 니찌

일의 경우엔 10일까지는 고유어를 사용함에 유의해야 한다.

ついたち 1日 츠이따찌	ふつか 2日 후쯔까	みっか 3日 믹까	よっか 4日 욕까	いつか 5日 이쯔 까	むいか 6日 무이까
なのか 7日 나노까	ようか 8日 요–까	ここのか 9日 코꼬노까	とおか 10日 토–까	じゅういちにち 11日 쥬–이찌니찌	じゅうににち 12日 쥬–니니찌
じゅうさんにち 13日 쥬–산니찌	じゅうよっか 14日 쥬–욕까	じゅうごにち 15日 쥬–고니찌	じゅうろくにち 16日 쥬–로꾸니찌	じゅうしちにち 17日 쥬–시찌니찌	じゅうはちにち 18日 쥬–하찌니찌

じゅうくにち 19日 쥬-쿠니찌	はつか 20日 하쯔까	にじゅういちにち 21日 니쥬-이찌니찌	にじゅうににち 22日 니쥬-니니찌	にじゅうさんにち 23日 니쥬-산니찌	にじゅうよっか 24日 니쥬-욕까
にじゅうごにち 25日 니쥬-고니찌	にじゅうろくにち 26日 니쥬-로꾸니찌	にじゅうしちにち 27日 니쥬-시찌니찌	にじゅうはちにち 28日 니쥬-하찌니찌	にじゅうくにち 29日 니쥬-쿠니찌	さんじゅうにち 30日 산쥬-니찌
さんじゅういちにち 31日 산쥬-이찌니찌	なんにち 何日 난니찌				

04 축하합니다. おめでとうございます。 오메데또- 고자이마스

축하할 때 쓰는 인사말이다.

結婚(けっこん)するんですって。おめでとうございます。 결혼한다죠. 축하합니다.
켓꼰스룬데슷떼 오메데또-고자이마스

18 どこが わるいのですか。

도꼬가 와루이노데스까

어디가 아프세요?

Track 18

どこが わるいのですか。 어디가 아프세요?
도꼬가 와루이노데스까

おなかが 痛(いた)いんです。 배가 아픕니다.
오나까가 이따인데스

医者(いしゃ) 이샤	どこが わるいのですか。 도꼬가 와루이노데스까	어디가 아프세요?
金	おなかが 痛(いた)いんです。 오나까가 이따인데스	배가 아픕니다.
医者(いしゃ)	いつからですか。 이쯔까라데스까	언제부터입니까?
金	ゆうべからです。 유— 베까라데스	어제 저녁부터입니다.
医者(いしゃ)	吐(は)き気(け)は ありますか。 하끼께와 아리마스까	구토는 있습니까?
金	いいえ、ありません。 이— 에 아리마셍	아니오, 없습니다.
	ひどいですか。 히도이데스까	심합니까?

새어휘

- わるい(悪い 와루이) 나쁘다, 안좋다
- いたい(痛い 이따이) 아프다
- ゆうべ(유－베) 어제 저녁
- ひどい(히도이) 심하다
- たべすぎ(食べ過ぎ 타베스기) 과식
- ほど(호도) 정도
- でしょう(데쇼－) ~이겠지요, ~일 겁니다
- しんぱいする(心配する 심빠이스루) 걱정하다
- おなか(오나까) 배
- ～から(~까라) ~부터
- はきけ(吐き気 하끼께) 구토, 구역질
- そんなに (손나니) 그렇게

医者(いしゃ) 食(た)べすぎでしょう。 과식일 겁니다.
타베스기데쇼－

そんなに 心配(しんぱい)するほどの ことではありません。
손나니 심빠이스루호도노 고또데와아리마셍
그렇게 걱정할 정도는 아닙니다.

Japan

일본의 화폐단위

円(えん) 엔 엔

특히 500円 주화의 경우 우리의 500원짜리 동전과 닮아있어 일본 자동판매기에서 심심찮게 발견된다니 여간 씁쓸한 일이 아닐 수 없다.

※ ウォン 원

01 ~습니다. のです 노데스

です 앞에 の를 붙여, 말하는 이의 문장에 강조나 설명을 더해준다.
회화체에선 の 대신 ん을 쓴다. 명사의 경우엔 앞에 な가 삽입된다.

どこが わるいんですか。 도꼬가 와루인데스까	어디가 아프세요?
初(はじ)めてなんですか。 하지메떼난데스까	처음입니까?

02 과식 たべすぎ 타베스기

~すぎ가 붙어 「지나침」이란 뜻을 갖게 된다.
동사의 ます형(정중형)에 접속하나 이는 나중에 자세히 다루겠으니 그냥 의미만 알고 넘어가자.

食(た)べすぎ 타베스기	과식
飲(の)みすぎ 노미스기	과음

03 정도, 쯤 ほど 호도

そんなに 心配(しんぱい)するほどの ことではありません。 손나니 심빠이스루호도노 고또데와아리마셍	그렇게 걱정할 정도는 아닙니다.
三日(みっか)ほど前(まえ) 믹까호도마에	3일쯤 전

실용문형

병 호소

かぜで　さむけが　します。
카제데　사무께가　시마스
감기로 오한이 납니다.

おなかが　痛(いた)いんです。
오나까가　이따인데스
배가 아픕니다.

のどが　痛(いた)くて　熱(ねつ)も　あります。
노도가　이따꾸떼　네쯔모　아리마스
목이 아프고 열도 납니다.

げりを　しました。
게리오　시마시따
설사를 했습니다.

やけどを　しました。
야께도오　시마시따
화상을 입었습니다.

体(からだ)が　だるいんです。
카라다가　다루인데스
몸이 나른합니다.

의사의 질문

どこが　わるいのですか。
도꼬가　와루이노데스까
어디가 아프세요?

いつから　痛(いた)いのですか。
이쯔까라　이따이노데스까
언제부터 아픕니까?

ここは　痛(いた)いのですか。
코꼬와　이따이노데스까
여기가 아픕니까?

관련어휘

- びょういん(病院 뵤－잉)　병원
- しんさつ(診察 신사쯔)　진찰
- せき(咳 세끼)　기침
- くしゃみ(쿠샤미)　재채기
- くすりや(薬屋 쿠스리야)　약국
- ねつ(熱 네쯔)　열
- はなみず(鼻水 하나미즈)　콧물
- はきけ(吐き気 하끼께)　구토

❑ きょうは 쿄- 와	4月24日 시가쯔 니쥬-욕까	です。 데스	오늘은 4월24일입니다.
	1月20日 이찌가쯔 하쯔까		오늘은 1월20일입니다.
	9月14日 쿠가쯔 쥬-욕까		오늘은 9월14일입니다.

❑ あなたの お誕生日(たんじょうび) 아나따노 오딴죠- 비	は 와	いつですか。 이쯔데스까	당신 생일은 언제입니까?
金さんの 結婚式(けっこんしき) 기무산노 켁꼰시끼			김씨 결혼식은 언제입니까?
今度(こんど)の テスト 콘도노 테스또			이번 시험은 언제입니까?

❑ おなか 오나까	が 가	痛(いた)いんです。 이따인데스	배가 아픕니다.
のど 노도			목이 아픕니다.
頭(あたま) 아따마			머리가 아픕니다.
歯(は) 하			이가 아픕니다.

한자익히기

入 들다, 넣다, 들어오(가)다.	음 にゅう	入学(にゅうがく) 뉴-가꾸 입학	収入(しゅうにゅう) 슈-뉴- 수입
	훈 いる, いれる, はいる	気(き)に入(い)る 마음에 들다	
春 봄, 젊은 때	음 しゅん	立春(りっしゅん) 릿슝 입춘	春分(しゅんぶん) 슘붕 춘분
	훈 はる		
夏 여름	음 か, げ	初夏(しょか) 쇼까 초여름	夏至(げし) 케시 하지
	훈 なつ	夏休み(なつやす) 나쯔야스미 여름방학	

쉬어가기

국민건강보험

우리의 의료보험과 같은 것으로 이 보험증으로 인해 약 30%의 할인 혜택을 볼 수 있다. 외국인도 1년 이상 거주할 경우에는 모두 가입하도록 하고 있으며 대상은 사업자, 건강보험에 가입하지 못한 사람, 1년 이상 거주한 외국인으로 한다. 단기간의 여행이라면 최소한 아니 최대한의 준비가 상책. 해열제, 감기약, 소화제, 지사제, 안약, 연고, 반창고, 진통제, 또 뭐가 필요하더라. 여자분들이라면… 쉬잇!! 어머! 난 렌즈까지 끼는데…

19 아버님은 올해 연세가 몇이십니까?

Track 19

お父(とう)さんは ことし おいくつですか。
오또-산와 코또시 오이꾸쯔데스까

ごかぞくは 何人(なんにん)ですか。 가족은 몇 명입니까?
고까조꾸와 난닌데스까

お父(とう)さんは ことし おいくつですか。 아버님은 올해 연세가 몇이십니까?
오또-산와 코또시 오이꾸쯔데스까

- ごかぞくは 何人(なんにん)ですか。 가족은 몇 명입니까?
  고까조꾸와 난닌데스까

  父(ちち)と母(はは)、あねで 4人家族(かぞく)です。 아버지, 어머니, 누나 해서 4인 가족입니다.
  치찌또하하 아네데 요닝가조꾸데스

- お父(とう)さんは ことし おいくつですか。 아버님은 올해 몇이십니까?
  오 또-산와 코또시 오이꾸쯔데스까

  父(ちち)は ことし 62才(さい)です。 아버지는 올해 62살입니다.
  치찌와 코또시 로꾸쥬-니사이데스

- おねえさんは おいくつですか。 누님은 몇 살입니까?
  오네- 산와 오이꾸쯔데스까

  20才(はたち)です。今(いま) 大学(だいがく)の 二年生(にねんせい)です。 20살입니다. 지금 대학 2학년입니다.
  하따찌데스 이마 다이가꾸노 니넨세-데스

새어휘

- ごかぞく(ご家族 고까조꾸) 가족
- ちち(父 치찌) 아버지(자기 가족)
- あね(아네) 누나(자기 가족)
- さい(才 사이) 살, 세
- よにんかぞく(4人家族 요닝가조꾸) 4인 가족
- おとうさん(お父さん 오또-상) 아버님(남의 가족)
- なんにん(何人 난닝) 몇 명
- はは(母 하하) 어머니(자기 가족)
- いくつ(이꾸쯔) 몇 살
- おねえさん(오네-상) 언니, 누나(남의 가족)
- はたち(20才 하따찌) 20살
- ことし(今年) 올해

Q&A

Q: 大学校가 아니라 大学이네요?

A: 예리한 관찰력입니다. 일본에서는 대학을 大学校라 하지 않고 大学이라고 하지요. 물론 大学校라 칭하는 곳도 있지요. 특수목적을 띤 「기상대학교」식으로 말이죠.

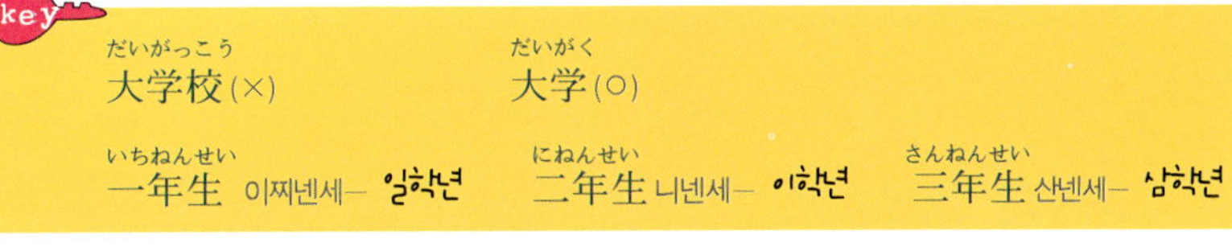

key

大学校(だいがっこう) (×)　　大学(だいがく) (○)

一年生(いちねんせい) 이찌넨세- 일학년　　二年生(にねんせい) 니넨세- 이학년　　三年生(さんねんせい) 산넨세- 삼학년

01 お・ご 오·고

존경의 의미로 상대방에 관련된 물건이나 어휘 앞에 お나 ご를 붙여준다.
ご의 경우엔 한자어 앞에 붙음을 원칙으로 한다.

- ご家族(かぞく) 가족
  고까조꾸
- ご気分(きぶん) 기분
  고끼붕
- お電話(でんわ) 전화
  오뎅와
- お手紙(てがみ) 편지
  오떼가미

02 가족 호칭

일본에서는 자기 가족을 남에게 말할 때에는 낮추어 얘기한다. (요즘은 높여서 말하는 경향이 있긴 하지만) 자기 가족과 남의 가족을 얘기할 때 어떻게 달라지는지 비교해 보기로 한다.

	자기 가족을 말할 때		남의 가족을 말할 때	
아버지	ちち	치찌	おとうさん	오또—상
어머니	はは	하하	おかあさん	오까—상
할아버지	そふ	소후	おじいさん	오지—상
할머니	そぼ	소보	おばあさん	오바—상
형 · 오빠	あに	아니	おにいさん	오니—상
남동생	おとうと	오또—또	おとうとさん	오또—또상
언니 · 누나	あね	아네	おねえさん	오네—상
여동생	いもうと	이모— 또	いもうとさん	이모—또상
처	かない	카나이	おくさん	옥상
남편	しゅじん	슈징	ごしゅじん	고슈징

03 몇 살 おいくつ 오이꾸쯔

나이를 물을 때 쓰는 표현으로 10살 이하는 一つ, 二つ… 고유수사를 쓴다.
여기서 お는 존경의 의미.

おいくつですか。 오이꾸쯔데스까 — 몇이십니까? (몇 살입니까?)

20才(はたち)です。 하따찌데스 — 20살입니다.

20살의 경우엔 にじっさい가 아닌 はたち임에 유의한다.

いっさい 1才 잇사이	にさい 2才 니사이	さんさい 3才 산사이	よんさい 4才 욘사이	ごさい 5才 고사이	ろくさい 6才 록사이
ななさい 7才 나나사이	はっさい 8才 핫사이	きゅうさい 9才 큐―사이	じっさい 10才 짓사이	なんさい 何才 난사이	

04 2학년 二年生(にねんせい) 니넨세―

学年(がくねん)이라 하지 않고 年生(ねんせい)을 씀에 유의한다.
가꾸넹

- 一年生(いちねんせい) 1학년 이찌넨세―
- 二年生(にねんせい) 2학년 니넨세―

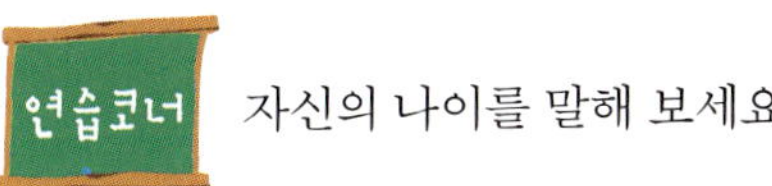

자신의 나이를 말해 보세요.

회화

20 あなたは 何番目(なんばんめ)ですか。

아나따와 남방메데스까

당신은 몇 번째입니까?

あなたは 何番目(なんばんめ)ですか。 당신은 몇 번째입니까?
아나따와 남방메데스까

わたしは 末(すえ)っ子(こ)です。 저는 막내입니다.
와따시와 스엑꼬데스

Track 20

山田(やまだ) 야마다
ご家族(かぞく)は 何人(なんにん)ですか。
고까조꾸와 난닝데스까
가족은 몇 명입니까?

金
5人(ごにん)です。きょうだいは 3人(さんにん)です。
고닌데스 쿄— 다이와 산닌데스
5명입니다. 형제는 3명입니다.

山田(やまだ)
あなたは 何番目(なんばんめ)ですか。
아나따와 남밤메데스까
당신은 몇 번째입니까?

金
わたしは 末(すえ)っ子(こ)です。
와따시와 스엑꼬데스
저는 막내입니다.

山田(やまだ)
上(うえ)は お兄(にい)さんですか。
우에와 오니— 산데스까
위는 형님입니까?

お姉(ねえ)さんですか。
오네—산데스까
누님입니까?

金
兄(あに)が 2人です。
아니가 후따리데스
형이 2명입니다.

- きょうだい(兄弟 쿄－다이) 형제
- なんばんめ(何番目 남밤메) 몇 번째
- すえっこ(末っ子 스엑꼬) 막내
- うえ(上 우에) 위
- おにいさん(お兄さん 오니－상) 형님(남의 가족)
- おねえさん(お姉さん 오네－상) 누님(남의 가족)
- あに(兄 아니) 형(자기 가족)

Japan

일본의 기후

해양성 온난기후를 띠고 있고 우리처럼 사계의 구분이 뚜렷하다. 긴 국토(3000km)의 영향과 해류로 인해 지역에 따른 기후차가 크다. 계절풍과 산맥의 영향으로 인한 기후 조건은 지역에 따라 큰 차이를 더해 준다.

01 몇 번째 何番目(なんばんめ) 남밤메

여기서 目(め)(~째)는 순서를 나타내는 말이다.

あなたは 何番目(なんばんめ)ですか。 당신은 몇 번째입니까?
아나따와 남밤메데스까

二番目(にばんめ)です。 두 번째입니다.
니밤메데스

02 막내 末(すえ)っ子(こ) 스엑꼬

형제 중의 위치를 나타내는 말로 그 외의 것들로는 다음과 같은 것들이 있다.

- 一番目(いちばんめ) 첫 번째 이찌밤메 / 二番目(にばんめ) 두 번째 니밤메 / 真(ま)ん中(なか) 가운데 만나까
- 長男(ちょうなん) 장남 쵸-낭 / 長女(ちょうじょ) 장녀 쵸-죠
- 次男(じなん) 차남 지낭 / 次女(じじょ) 차녀 지죠
- 末(すえ)っ子(こ)=いちばん下(した) 막내 스엑꼬 이찌반시따 / いちばん上(うえ) 맏이 이찌방우에

실용문형

✱ 가족 상황에 대한 질문

何人家族(なんにんかぞく)ですか。 난닝가조꾸데스까	몇 식구입니까?
ご兄弟(きょうだい)は 何人(なんにん)ですか。 고꾜—다이와 난닌데스까	형제는 몇 명입니까?
兄弟(きょうだい)の 中(なか)で 何番目(なんばんめ)ですか。 쿄—다이노 나까데 남밤메데스까	형제 중에서 몇 번째입니까?

✱ 답변

～人家族(かぞく)です。 ~닝가조꾸데스	~인 가족입니다.
一人暮(ひとりぐ)らしを しています。 히또리구라시오 시떼이마스	혼자 삽니다.

✱ 기타

兄弟(きょうだい)は ありません。 쿄—다이와 아리마셍	형제는 없습니다.
～と いっしょに 住(す)んで います。 ~또 잇쇼니 슨데 이마스	~와 같이 살고 있습니다.
もう なくなりました。 모— 나꾸나리마시따	이미 돌아가셨습니다.
～の お仕事(しごと)は 何(なん)ですか。 ~노 시고또와 난데스까	~의 직업은 무엇입니까?

관련어휘

- かぞく(家族 카조꾸) 가족
- きょうだい(兄弟 쿄–다이) 형제
- しょくぎょう(職業 쇼꾸교–) 직업
- おとこのこ(男の子 오또꼬노꼬) 남자아이
- しまい(姉妹 시마이) 자매
- せいかく(性格 세–카꾸) 성격
- おんなのこ(女の子 온나노꼬) 여자아이
- りょうしん(兩親 료–싱) 양친, 부모님

- ごかぞくは 何人(なんにん)ですか。 — 가족은 몇 명입니까?
  고까조꾸와 난닌데스까
- 何人家族(なんにんかぞく)ですか — 가족이 몇인가요?
  난닝가조꾸데스까

お父(とう)さん 오 또—상	は おいくつですか。 와 오이꾸쯔데스까	아버님은 몇 살입니까?
おねえさん 오네— 상		누님은 몇 살입니까?
金さん 기무상		김씨는 몇 살입니까?
息子(むすこ)さん 무스꼬상		아드님은 몇 살입니까?

私(わたし)は 와따시와	長男(ちょうなん) 쵸—낭	です。 데스	나는 장남입니다.
	いちばん上(うえ) 이찌 방우에		나는 맏이입니다.
	二番目(にばんめ) 니밤메		나는 두번째입니다.
	真(ま)ん中(なか) 만나까		나는 가운데입니다.
	末(すえ)っ子(こ) 스엑꼬		나는 막내입니다.

한자익히기

秋 가을	음 しゅう 훈 あき	しゅうぶん 秋分 슈-붕	추분	りっしゅう 立秋 릿슈-	입추
冬 겨울	음 とう 훈 ふゆ	とうじ 冬至 토-지	동지	ふゆやす 冬休み 후유야스미	겨울방학
		まふゆ 真冬 마후유	한겨울		
東 동쪽	음 とう 훈 ひがし	とうざいなんぼく 東西南北 토-자이남보꾸	동서남북	とうよう 東洋 토-요-	동양
		ひがしがた 東方 히가시가따	동쪽		

쉬어가기

가족의 의미

가족이란 도대체 어떤 의미일까? 국가의 힘은 가족의 힘으로부터 나온다고까지 하는데 요즘 세상은 도무지 그런 말 자체가 무색해질 정도로 제멋대로이다. 어른들은 어른들대로 신세대까지도 필요없다. 아이들과 대화를 하고 싶어하지만 대화도 안통할 뿐더러 대화형태도 탐탁치 않다. 이 어른들이 이들처럼 어렸을 적엔 그들도 기존세대들과 그랬으리라. 세상은 돌고돌고, 아니 그냥 박차고 나아간다고 해야 할까? 개중엔 밀려나는 사람도 있으니까(?) 아니다. 그래도 세상은 모두를 원한다. 음 · 양, 아날로그 · 디지털, 모두 다 공존해야 하는 우리 세상이므로…

だいかぞく 大家族 대가족 다이가조꾸

かくかぞく 核家族 핵가족 카꾸가조꾸

21 그다지 싸지 않았습니다만, 맛있었습니다.

あまり やすく なかったですが、おいしかったです。
아마리 야스꾸 나깐따데스가 오이시깐따데스

あまり やすく なかったですが、おいしかったです。
아마리 야스꾸 나깐따데스가 오이시깐따데스
그다지 싸지 않았습니다만, 맛있었습니다.

この サンダルは いっそく いくらですか。 이 샌들은 한 켤레 얼마입니까?
코노 산다루와 잇소꾸 이꾸라데스까

- きのうの 映画(えいが)は おもしろかったですか。 어제 영화는 재미있었습니까?
  키노ー노 에ー가와 오모시로깟따데스까

  いいえ、あまり おもしろくなかったです。 아니오, 그다지 재미있지 않았습니다
  이ー에 아마리 오모시로꾸나깟따데스

- あの 店(みせ)の 料理(りょうり)は どうでしたか。 그 가게 요리는 어땠습니까?
  아노 미세노 료ー리와 도ー데시따까

  あまり やすく なかったですが、おいしかったです。
  아마리 야스꾸 나깐따데스가 오이시깐따데스
  그다지 싸지 않았습니다만, 맛있었습니

- この サンダルは いっそく いくらですか。 이 샌들은 한 켤레 얼마입니까?
  코노 산다루와 잇소꾸 이꾸라데스까

  それは いっそく 一万円(いちまんえん) です。 그것은 한 켤레 만엔입니다.
  소레와 잇소꾸 이찌망엔데스

새어휘

- きのう(昨日 키노－) 어제
- おもしろい(오모시로이) 재미있다
- りょうり(料理 료－리) 요리
- いっそく(一足 잇소꾸) 한 켤레
- サンダル(산다루) 샌들
- くつした(쿠쯔시따) 양말
- えん(円 엥) 엔
- でした(데시따) です의 과거 (~습니다)
- えいが(映画 에－가) 영화
- みせ(店 미세) 가게

□ くつしたは いっそく いくらですか。 양말은 한 켤레 얼마입니까?
구쯔시따와 잇소꾸 이꾸라데스까

いっそく 二千円(にせんえん)です。 한 켤레 이천엔입니다.
잇소꾸 니센엔데스

Q&A

Q: 형용사의 시제에 관해 정리해 주세요.

A: 아직 잘 적응이 안되는 모양이네요.

형용사	정중형	いです 이데스	부정형	くない 꾸나이
	과거형	かった 깟따	과거부정	くなかった 꾸나깟따

※ くないです=くありません 부정형, 과거형, 과거부정에 「です」를 붙이면 그 정중형이 됩니다.
단, くありません경우 과거부정의 정중형은 くありませんでした이 됩니다.

01 형용사의 과거형 형용사 い 이 → かった 깓따

형용사 い를 かった로 바꾸어주면 과거형이 된다. 그 예를 들어보면, 다음과 같다.

映画(えいが)は おもしろかったですか。 영화는 재미있었습니까?
에-가와 오모시로깓따데스까

はい、おもしろかったです。 예, 재미있었습니다.
하이 오모시로깓따데스

今日(きょう)は 暑(あつ)かった。 오늘은 더웠다.
쿄-와 아쯔깓따

※ 과거형에 です를 붙이면 그 정중형이 된다.

02 です 데스 의 과거형 でした 데시따

どうですか。 도- 데스까 어떻습니까?

どうでしたか。 도-데시따까 어땠습니까?

03 형용사의 과거부정형 형용사 い 이 → くなかった 이꾸나깓따

형용사 い를 くなかった로 바꾸어주면 과거부정형이 된다. 그 예를 들어보면, 다음과 같다.

テストは 難(むずか)しかったですか。 테스또와 무즈까시깓따데스 까 테스트는 어려웠습니까?

あまり 難(むずか)しくなかったです。 아마리 무즈까시꾸나깓따데스 그다지 어렵지 않았습니다.

おいしくなかった。 오이시꾸나깓따 맛있지 않았다.

04 형용사의 정중표현

• 정중형	いです 이데스	
• 부정형	くない → 꾸나이	くないです 꾸나이데스
		くありません 꾸아리마셍
• 과거형	かった → 깟따	かったです 깟따데스
• 과거부정형	くなかった → 꾸나깟따	くなかったです 꾸나깟따데스
		くありませんでした 꾸아리마센데시따

05 한 켤레에 얼마입니까? いっそく いくらですか。 잇소꾸 이꾸라데스까

12과에서도 나왔지만 눈썰미가 있는 독자분들이라면 약간은 이상함을 느꼈을 것이다. 왜 「~에」에 해당하는 말이 없을까? 하고 말이다. 대답은 간단하다. 조사 「で」가 생략된 경우이므로 아무 걱정 없다.

一足(いっそく) いくらですか。 잇소꾸 이꾸라데스까 한 켤레에 얼마입니까?

一(ひと)つ いくらですか。 히또쯔 이꾸라데스까 한 개에 얼마입니까?

일본어로 말해 보세요.

- 그다지 재미있지 않았습니다.
- 비쌌지만 맛있었습니다.
- 이 샌들은 한 켤레에 얼마입니까?

회화

22 何か いい 薬は ありませんか。

なに　くすり
何か いい 薬は ありませんか。
나니까 이— 구스리와 아리마셍까

뭔가 좋은 약 없습니까?

Track 22

なに　くすり
何か いい 薬は ありませんか。 뭔가 좋은 약 없습니까?
나니까 이— 구스리와 아리마셍까

くすり
この 薬が いいですよ。 이 약이 좋습니다.
코노 구스리가 이— 데스요

店員(てんいん)
텡잉

いらっしゃいませ。 어서 오십시오.
이랏샤이마세

金

すみません。 저,
스미마셍

かぜ　いた
風邪で のどが 痛いんです。 감기로 목이 아픕니다.
카제데 노도가 이따인데스

なに　くすり
何か いい 薬は ありませんか。 뭔가 좋은 약 없습니까?
나니까 이— 구스리와 아리마셍까

店員(てんいん)

くすり
それじゃ、この 薬が いいですよ。 그럼, 이 약이 좋습니다.
소레쟈 코노 구스리가 이— 데스요

しょくご　の
食後に 飲んで ください。 식후에 드십시오.
쇼꾸고니 논데 구다사이

金

わかりました。 알겠습니다.
와까리마시따

いくらですか。 얼마입니까?
이꾸라데스까

새어휘

- かぜ (風邪 카제) 감기
- いい(이-) 좋다
- くすり(薬 쿠스리) 약
- それじゃ(소레쟈) 그럼
- のど(노도) 목
- しょくご(食後 쇼꾸고) 식후
- いらっしゃいませ(이랏샤이마세) 어서 오십시오
- のんでください(飲んでください 논데구다사이) 드십시오
- わかりました(와까리마시따) 알겠습니다

店員(てんいん) 2,000円(えん)です。 2000엔입니다.
니셍엔데스

Japan

일본의 내각

総理部(そうりぶ) 소-리부	法務省(ほうむしょう) 호-무쇼-	外務省(がいむしょう) 가이무쇼-	大蔵省(おおくらしょう) 오-꾸라쇼-	
文部省(もんぶしょう) 몸부쇼-	厚生省(こうせいしょう) 코-세-쇼-	農林水産省(のうりんすいさんしょう) 노-린스이산쇼-	通商産業省(つうしょうさんぎょうしょう) 츠-쇼-상교-쇼-	
運輸省(うんゆしょう) 웅유쇼-	郵政省(ゆうせいしょう) 유-세-쇼-	労働省(ろうどうしょう) 로-도-쇼-	建設省(けんせつしょう) 켄세쯔쇼-	自治省(じちしょう) 지찌쇼-

01 ~로 · ~ 때문에 ~で 데

で의 용법에는 여러 가지가 있으나 여기에서는 원인 · 이유를 나타낸다.

びょうき かいしゃ やす 病気で 会社を 休む。 뵤-끼데 카이샤오 야스무	병 때문에 회사를 쉬다.
かぜ いた 風邪で のどが 痛い。 카제데 노도가 이따이	감기 때문에 목이 아프다.

02 그럼 それじゃ 소레자

それでは의 회화체이다.

03 드십시오 飲(の)んで ください 논데구다사이

のむ(飲む 노무)마시다. 라는 뜻인데 「약을 먹다」의 경우 관용적으로 「薬(くすり)を 飲(の)む」의 형태로 쓰인다. のんでください의 문장 형태는 나중에 공부하기로 하고 여기에서는 그냥 암기하고 넘어가도록 한다.

04 알겠습니다 わかりました 와까리마시따

어떤 사실을 이해, 의미를 파악했을 때 쓴다.

わかりましたか。 와까리마시따까	알겠습니까?
はい、わかりました。 하이 와까리마시따	예, 알겠습니다.

실용문형

✱ 증상

かぜを ひくみたいです。 카제오 히꾸미따이데스	감기에 걸린 것 같습니다.
熱(ねつ)が あって のどが 痛(いた)いんです。 네쯔가 앋떼 노도가 이따인데스	열이 있고 목이 아픕니다.
食慾(しょくよく)が ありません。 쇼꾸요꾸가 아리마셍	식욕이 없습니다.
頭(あたま)が 痛(いた)いんですが。 아따마가 이따인데스가	머리가 아픈데요.

✱ 약 구입

～の 薬(くすり)を ください。 ~노 구스리오 구다사이	~약을 주십시오.
よく ききますか。 요꾸 키끼마스까	잘 듣습니까?

✱ 복용법

1日(いちにち)に 三回(さんかい) 飲(の)んでください。 이찌니찌니 상까이 논데구다사이	하루에 세 번 드십시오.
6時間(じかん) おきに 飲(の)んでください。 로꾸지깡 오끼니 논데구다사이	6시간 걸러 드십시오.

관련어휘

- ちょうし(調子 쵸－시) 상태
- しょうくぜん(食前 쇼꾸젱) 식전
- しょほうせん(処方箋 쇼호－셍) 처방전
- しょうかざい(消化剤 쇼－까자이) 소화제
- カプセル(카뿌세루) 캅셀, 캡슐
- しょくご(食後 쇼꾸고) 식후
- かぜぐすり(かぜ薬 카제구스리) 감기약
- こなぐすり(粉薬 코나구스리) 가루약

패턴연습

- やすく　なかったですが、 (야스꾸　나깟따데스가) — 싸지 않았습니다만,
- おいしかったです。 (오이시깟따데스) — 맛있었습니다.
- やさしく　なかったですが、 (야사시꾸　나깟따데스가) — 쉽지 않았습니다만,
- おもしろかったです。 (오모시로깟따데스) — 재미있었습니다.
- 近(ちか)く　なかったですが、 (치까꾸　나깟따데스가) — 가깝지 않았습니다만,
- 安(やす)かったです。 (야스깟따데스) — 쌌습니다.

- きのうの　映画(えいが)は　どうでしたか。 (키노-노　에-가와　도-데시따까) — 어제 영화는 어땠습니까?
  - いかがでしたか。 (이까가데시따까) — 어제 영화는 어떠셨습니까?

- この　くつ　は　いっそく　いくらですか。 (코노　쿠쯔　와　잇소꾸　이꾸라데스까) — 이 구두는 한켤레 얼마입니까?
  - くつした (쿠 쯔시따) — 이 양말은 한켤레 얼마입니까?
  - サンダル (산다루) — 이 샌들은 한켤레 얼마입니까?

- 食後(しょくご)　に　飲(の)んでください。 (쇼꾸고　니　논데쿠다사이) — 식후에 드십시오.
  - 6時間(じかん)おき (로꾸지깡오끼) — 6시간 걸러 드십시오.

한자익히기

西 서, 서쪽	음	せい，さい	西欧(せいおう) 세–오– 서구	西洋(せいよう) 세–요– 서양
	훈	にし	東西(とうざい) 토–자이 동서	西側(にしがわ) 니시가와 서쪽
南 남, 남쪽	음	なん	南極(なんごく) 낭고꾸 남극	南部(なんぶ) 남부 남부
	훈	みなみ		
北 북,북쪽,지다,달아나다	음	ほく	北部(ほくぶ) 호꾸부 북부	北国(きたぐに) 키따구니 북국
	훈	きた	敗北(はいぼく) 하이보꾸 패배	

쉬어가기

食前に(しょくぜん) 식전에
쇼꾸젠니

食後に(しょくご) 식후에
쇼꾸고니

ごはんを 食べる(た) 前に(まえ)밥을 먹기 전에
고항오 타베루 마에니

ごはんを 食べた(た) 後で(あと) 밥을 먹은 후에
고항오 타베따 아또데

寝る(ね) 前に(まえ) 자기 전에
네루 마에니

就寝前に(しゅうしんまえ) 취침 전에
슈–심마에니

毎食後(まいしょくご) 매식 후
마이쇼꾸고

一錠ずつ(いちじょう) 1정씩
이찌죠–즈쯔

～ごとに ~마다
~고또니

～おきに ~걸러
~오끼니

23 방도 깨끗하고 조용합니다.

Track 23

へや
部屋も　きれいで　しずかです。
헤야모　키레－데　시즈까데스

へや
部屋も　きれいで、しずかです。　방도 깨끗하고 조용합니다.
헤야모　키레－데　시즈까데스

こうつう
交通は　べんりですか。　교통은 편리합니까?
코－쯔－와　벤리데스까

ひと
□ 金さんは　どんな　人ですか。　김씨는 어떤 사람입니까?
기무산와　돈나　히또데스까

しんせつ　ひと
金さんは　やさしくて　親切な　人です。　김씨는 상냥하고 친절한 사람입니다.
기무산와　야사시꾸떼　신세쯔나　히또데스

□ アパートは　どうですか。　아파트는 어떻습니까?
아빠－또와　도－데스까

へや
部屋も　きれいで　しずかです。　방도 깨끗하고 조용합니다.
헤야모　키레－데　시즈까데스

こうつう
□ 交通は　べんりですか。　교통은 편리합니까?
코－쯔－와　벤리데스까

いいえ、べんりではありません。　아니오, 편리하지 않습니다.
이－에　벤리데와아리마셍

새어휘

- どんな(돈나) 어떤
- アパート(아빠－또) 아파트
- こうつう(交通 코－쯔－) 교통
- べんりだ(벤리다) 편리하다
- きれいだ(키레－다) 깨끗하다
- しずかだ(静かだ 시즈까다) 조용하다
- やさしい(야사시－) 상냥하다
- しんせつだ(親切だ 신세쯔다) 친절하다
- ひと(人 히또) 사람
- へや(部屋 헤야) 방

Q&A

Q: 왜 명사형용사라고 하나요?

A: 그건 사물의 성질과 상태를 나타내는 점은 형용사의 특징과 같고, 문법적 활용은 명사와 같아서 그렇게 붙여진 것입니다.
5과의 Q&A에서 배웠듯이 명사도 그 단정형은 ～だ였죠. 그러나 명사형용사는 명사를 수식할 때 だ가 な로 바뀐답니다. 그래서 명사형용사는 な형용사, 형용사는 い형용사라고도 하지요, 이제 이해가 가나요?

01 명사형용사란?(그 형태가 だ다 로 끝나는 것)

명사형용사란 형용사와 마찬가지로 사물의 성질을 나타내며 명사와 같은 문법적 활용을 한다 해서 명사형용사라 불리워진다. 단, 명사 수식시에는 명사와 구분이 되는데, 명사의 경우엔 「の」를, 명사형용사의 경우엔 「だ」가 「な」로 바뀐다 하여 な형용사라고 한다.

私(わたし)は 元気(げんき)だ。 와따시와 겡끼다	나는 건강하다.
金さんは 親切(しんせつ)だ。 기무산와 신세쯔다	김씨는 친절하다.

02 형용사의 중지법 い이 → くて꾸떼

형용사 い를 く로 바꾸고 て를 접속하면 된다. (て형)

彼(かれ)は やさしくて 親切(しんせつ)だ。 카레와 야사시꾸떼 신세쯔다	그는 상냥하고 친절하다.
この 料理(りょうり)は やすくて おいしいです。 코노 료-리와 야스꾸떼 오이시-데스	이 요리는 싸고 맛있습니다.

03 명사형용사의 정중형 명사형용사 だ다 → です데스

명사형용사 だ를 です로 바꾸어준다.

部屋(へや)は 静(しず)かです。 헤야와 시즈까데스	방은 조용합니다.
金さんは まじめです。 기무산와 마지메데스	김씨는 성실합니다.

04 명사형용사의 명사수식 명사형용사 だ다 → な나

명사수식에는 명사형용사 だ를 な로 바꾸어 접속하면 된다.

山田(やまだ)さんは 親切(しんせつ)な 人(ひと)です。	야마다산와 신세쯔나 히또데스	山田씨는 친절한 사람입니다.
便利(べんり)な タクシー	벤리나 타꾸시—	편리한 택시

05 명사형용사의 중지법 だ다 → で데

명사형용사 だ를 で로 바꾼다.

きれいで 便利(べんり)な アパート	키레— 데 벤리나 아빠— 또	깨끗하고 편리한 아파트
まじめで 親切(しんせつ)な 女性(じょせい)	마지메데 신세쯔나 죠세—	성실하고 친절한 여성

06 명사형용사의 부정형 명사형용사 だ다 → ではない데와나이

명사형용사 だ를 ではない로 바꾼다. 그 정중표현은 ではないです 또는 ではありません。

ここは きれいだ → ここは きれいではない。 여기는 깨끗하지 않다.
코꼬와 키레— 다 코꼬와 키레— 데와나이

※ 정중표현 **きれいではないです。** 키레— 데와 나이데스
きれいではありません。 키레— 데와 아리마셍

일본어로 말해 봅시다.

- 성실하고 친절한 김씨 | • 아파트는 깨끗하고 조용합니다. | • 조용하지 않습니다.

회화

24 どんな 映画(えいが)が 好(す)きですか。

돈나 에— 가가 스끼데스까

어떤 영화를 좋아하십니까?

あなたの 趣味(しゅみ)は 何(なん)ですか。 당신의 취미는 무엇입니까?
아나따노 슈미와 난데스까

どんな 映画(えいが)が 好(す)きですか。 어떤 영화를 좋아합니까?
돈나 에—가가 스끼데스까

吉田(よしだ) 요시다
あなたの 趣味(しゅみ)は 何(なん)ですか。
아나따노 슈미와 난데스까
당신의 취미는 무엇입니까?

金
別(べつ)に ありませんが。
베쯔니 아리마셍가
특별히 없습니다만,

映画(えいが)を 見(み)ることが 好(す)きです。
에— 가오 미루고또가 스끼데스
영화 보는 걸 좋아합니다.

吉田(よしだ)
どんな 映画(えいが)が 好(す)きですか。
돈나 에— 가가 스끼데스까
어떤 영화를 좋아합니까?

金
そうですね。
소— 데스네
글쎄요.

ロマンチックな 映画(えいが)が 好(す)きです。
로만찍꾸나 에— 가가 스끼데스
로맨틱한 영화를 좋아합니다.

- しゅみ(趣味 슈미) 취미
- えいが (映画 에－가) 영화
- ロマンチックな(로만찌꾸나) 로맨틱한
- ラブレター(라부레따－) 러브레터
- ～で(데) ～에서
- ～がすきだ(が好きだ 가스끼다) ～를 좋아하다
- ～という(또유－) ～라고 하는(발음 주의)
- べつに(別に 베쯔니) 특별히
- みる(見る 미루) 보다

吉田(よしだ) 日本(にほん)の 映画(えいが)で どんなものが 好(す)きですか。
니혼노 에－가데 돈나모노가 스끼데스까
일본 영화 중에서 어떤 것을 좋아합니까?

金 「ラブレター」という映画(えいが)です。
라부레따－ 또유－ 에－가데스
「러브레터」라는 영화입니다.

Japan

일본의 예술I

かぶき
歌舞伎
가부끼

일본의 전통민중연극이며 배우들이 모두 남성들로 이루어진 것이 특징이다. 화려함과 형식미를 자랑하며 해설도 해주는, 세계적인 예술로까지 이끌어낸 점은 괄목할 만하다. 사미센과 화려한 의상, 분장, 현란한 무대장치, 특이한 몸동작. 이런 것들을 かぶき의 매력요소로 꼽을 수 있다.

～을(를) 좋아하다 ～が好(す)きだ。 가스끼다

조사 を가 아닌 が가 옴에 유의해야 한다.

どんな スポーツが 好(す)きですか。 어떤 스포츠를 좋아합니까?
돈나 스뽀－쯔가 스끼데스까

私(わたし)は プロ野球(やきゅう)が すきです。 나는 프로야구를 좋아합니다.
와따시와 뿌로야뀨－ 가 스끼데스

～에서 ～で 데

「～중에서」로 해석하는 것이 자연스럽다.

日本(にほん)の 歌(うた)で だれの 歌(うた)が 好(す)きですか。 일본 노래 중에서 누구 노래를 좋아하십니까?
니혼노 우따데 다레노 우따가 스끼데스까

03 ～라고 하는 ～という 또유－

「いう 말하다」라는 동사는 아직 다룬 바 없지만 「～という」라는 표현만 간단히 익히고 넘어가자.

お盆(ぼん)というのは 何(なん)ですか。 お盆(ぼん)이라고 하는 것은 무엇입니까?
오본또유－ 노와 난데스까

「ラブレター」という 映画(えいが)が 好(す)きですか。 「러브레터」라는 영화를 좋아합니까?
라부레따－ 또유－ 에－가가 스끼데스까

실용문형

✱ 당신의 취미는?

あなたの 趣味(しゅみ)は 何(なん)ですか。 당신의 취미는 무엇입니까?
아나따노 슈미와 난데스까

どんな 趣味(しゅみ)を お持(も)ちですか。 어떤 취미를 가지고 계십니까?
돈나 슈미오 오모찌데스까

✱ 제 취미는

～マニアです。 ～광입니다.
~마니아데스

映画(えいが)を 見(み)ることが なによりも 好(す)きです。 영화보는 것을 무엇보다 좋아합니다.
에—가오 미루고또가 나니요리모 스끼데스

音楽鑑賞(おんがくかんしょう)が 好(す)きです。 음악감상을 좋아합니다.
옹가꾸칸쇼— 가 스끼데스

✱ 질문

どんな 映画(えいが)が 一番(いちばん) 好(す)きですか。 어떤 영화를 제일 좋아합니까?
돈나 에— 가가 이찌방 스끼데스까

なんでも 好(す)きです。 뭐든지 좋아합니다.
난데모 스끼데스

관련어휘

- スポーツ(스뽀－쯔) 스포츠
- ゴルフ(고루후) 골프
- ボーリング(보－링구) 볼링
- とざん(登山 토장) 등산
- スキー(스끼－) 스키
- テニス(테니스) 테니스
- どくしょ(読書 독쇼) 독서
- ドライブ(도라이부) 드라이브

패턴연습

□ まじめで 마지메데	りっぱな 립빠나	人(ひと) 히또	성실하고 훌륭한 사람
□ きれいで 키레-데	しずかな 시즈까나	部屋(へや) 헤야	깨끗하고 조용한 방
□ きれいで 키레-데	べんりな 벤리나	トイレ 토이레	깨끗하고 편리한 화장실

□ アパートは 아빠-또와 / きれい 키레- / です。데스 — 아파트는 깨끗합니다.

しずか 시즈까 — 아파트는 조용합니다.

べんり 벤리 — 아파트는 편리합니다.

□ あの人(ひと)は 아노히또 와 / しずか 시즈까 / ではありません。데와아리마셍 — 저 사람은 조용하지 않습니다.

まじめ 마지메 — 저 사람은 성실하지 않습니다.

きれい 키레- — 저 사람은 깨끗하지 않습니다.

ほがらか 호가라까 — 저 사람은 명랑하지 않습니다.

□ どんな 돈나 / 映画(えいが) 에-가 / が 가 好(す)きですか。스끼데스까 — 어떤 영화를 좋아합니까?

音楽(おんがく) 옹가꾸 — 어떤 음악를 좋아합니까?

スポーツ 스뽀-쯔 — 어떤 스포츠를 좋아합니까?

한자익히기

何 무엇, 무슨, 몇	음 か 훈 なに, なん	何事(なにごと) 나니고또 무슨 일	何時(なんじ) 난지 몇 시
書 쓰다, 글, 책, 문서	음 しょ	書道(しょどう) 쇼도– 서도	葉書(はがき) 하가끼 엽서
	훈 かく	書留(かきとめ) 카끼또메 등기	書類(しょるい) 쇼루이 서류
読 읽다	음 どく, とく, とう	読書(どくしょ) 독쇼 독서	句読点(くとうてん) 쿠또–뗑 구독점
	훈 よむ	読本(とくほん) 토꾸홍 독본	読み物(よみもの) 요미모노 읽을거리

쉬어가기

게임, 만화, 빠찡코, 가라오케, 스티커사진

일본 하면 떠오르는 이 모든 것들은 그네들 뿐만 아니라 세계인들까지도 혹하게 만든다. 우리가 아는 비디오게임, 만화 중에 일본 것 아닌 것 없고 온 동네에 노래방 천지에, 핸드폰에 스티커사진도 모자라 스티커 사진첩까지. 우리의 윷놀이 · 연날리기가 세계인들의 취미가 될 날은 언제 오려나! N세대들 욕하지 말고 기성세대들은 그들을 밀어줘야겠다. 세계적인 소프트웨어는 그들 머리에서 나올테니까…

첫걸음

25 김씨, 당신은 아침에 밥을 먹습니까?

Track 25

金さん、あなたは 朝(あさ) ご飯(はん)を 食(た)べますか。
기무상 아나따와 아사 고항오 타베마스까

金さん、あなたは 朝(あさ)、ご飯(はん)を 食(た)べますか。 김씨, 당신은 아침에 밥을 먹습니까?
기무상 아나따와 아사 고항오 타베마스까

朝(あさ)ご飯(はん)は ほとんど 食(た)べません。 아침(밥)은 거의 먹지 않습니다.
아사고항와 호똔도 타베마셍

❑ お昼休(ひるやす)みは 何時(なんじ)から 何時(なんじ)までですか。 점심시간은 몇 시부터 몇 시까지입니까?
오히루야스미와 난지까라 난지마데데스까

12時(じ)から 1時(じ)までです。 12시부터 1시까지입니다.
쥬—니지까라 이찌지마데데스

❑ 金さん、あなたは 朝(あさ)、ご飯(はん)を 食(た)べますか。 김씨, 당신은 아침에 밥을 먹습니까?
기무상 아나따와 아사 고항오 타베마스까

いいえ、パンを 食(た)べます。 아니오, 빵을 먹습니다.
이— 에 빵오 타베마스

❑ あなたも パンを 食(た)べますか。 당신도 빵을 먹습니까?
아나따모 빵오 타베마스까

いいえ、朝(あさ)ご飯(はん)は ほとんど 食(た)べません。
이— 에 아사고항와 호똔도 타베마셍

아니오, 저는 아침(밥)은 거의 먹지 않습니다.

새어휘

- あさ(朝 아사) 아침
- ごはん(ご飯 고항) 밥
- あさごはん(朝ご飯 아사고항) 아침(밥)
- ～から～まで(～까라 ～마데) ～에서 ～까지
- パン(빵) 빵
- たべる(食べる 타베루) 먹다
- おひるやすみ(お昼休み 오히루야스미) 점심휴식(시간)
- ほとんど(호똔도) 거의

Q&A

Q: 「아침에」라고 했는데 왜 조사같은 것이 붙지 않을까요?

A: 아주 훌륭한 질문입니다. 물론 일본어에도 「～에」에 해당하는 조사 「～に」가 있습니다. 그러나 「に」를 붙일 수 없는 경우도 있는데 대표적인 것들로는

朝(あさ)	昔(むかし)	今度(こんど)	今日(きょう)
아사	무까시	콘도	쿄-

등이 있습니다. (자세한 것은 다음 페이지 포인트 학습에서 다루겠습니다)

key 조사 に를 붙일 수 없는 경우도 있다.

01 ~에서(부터) ~까지 ~から까라 ~まで마데

授業(じゅぎょう)は 9時(じ)から 3時(じ)までです。 수업은 9시부터 3시까지입니다.
쥬교－ 와 쿠지까라 산지마데데스

昼休(ひるやす)みは 12時(じ)から 1時(じ)までです。 점심시간은 12시부터 1시까지입니다.
히루야스미와 쥬－니지까라 이찌지마데데스

02 조사 ~に니 가 안붙는 것들

우리말로는 「~에」가 되지만, 일본어로는 조사 「に(~에)」가 안 붙는 것들이 있다.

朝(あさ) 아침	夜(よる) 저녁	晩(ばん) 밤	昼(ひる) 낮	去年(きょねん) 작년	今年(ことし) 금년(올해)	来年(らいねん) 내년	先月(せんげつ) 지난달
아사	요루	방	히루	쿄넹	코또시	라이넹	셍게쯔
今月(こんげつ) 이달	来月(らいげつ) 다음달	先週(せんしゅう) 저번주	今週(こんしゅう) 이번주	来週(らいしゅう) 다음주	昨日(きのう) 어제	今日(きょう) 오늘	明日(あした) 내일
콩게쯔	라이게쯔	센슈－	콘슈－	라이슈－	키노－	쿄－	아시따

※ 夜, 晩, 昼의 경우엔 써도 되고 안 써도 되는 경우

03 동사의 종류 모두 「u」모음으로 끝난다.

① u동사 : ru동사, 불규칙동사를 제외한 u로 끝나는 동사
② ru동사 : ru로 끝나며 앞에 「i」나 「e」가 오는 경우 (i : 상1단동사 e : 하1단동사라고도 한다)
③ 불규칙동사 : くる · する

※ ru동사인 것 같으면서도 u동사인 경우

帰(かえ)る	入(はい)る	知(し)る	切(き)る	交(ま)じる	走(はし)る	照(て)る	捻(ひね)る
가에루	하이루	시루	키루	마지루	하시루	테루	히네루
돌아가(오)다	들어가다	알다	자르다(끊다)	섞다	달리다	비치다	비틀다

04 동사의 정중형

① u동사　동사 u → i + ます(u를 i로 바꾸고 ます를 접속)

- 書く(か) 카꾸 → 書(か)き+ます 카끼마스　かきます 카끼마스　씁니다.

② ru동사　동사 ~~ru~~ → ます (ru를 없애고 ます를 접속)

- 見る(み) 미루 → 見(み)+ます 미마스　見(み)ます 미마스　봅니다.
- 食べる(た) 타베루 → 食(た)べ+ます 타베마스　食(た)べます 타베마스　먹습니다.

③ 불규칙동사　くる → きます　する → します

- きます 키마스 옵니다.　　- します 시마스　합니다.

05 ます의 의문형 → ますか마스까　ます의 부정형 → ません마셍

① 書く(か) 카꾸 → 書(か)きますか 카끼마스까　씁니까?
書(じ)きません 카끼마셍　쓰지 않습니다.

② 見る(み) 미루 → 見(み)ますか 미마스까　봅니까?
見(み)ません 미마셍　보지 않습니다.

食べる(た) 타베루 → 食(た)べますか 타베마스까　먹습니까?
食(た)べません 타베마셍　먹지 않습니다.

③ きますか 키마스까 옵니까?　　しますか 시마스까　합니까?
きません 키마셍　오지 않습니다.　　しません 시마셍　하지 않습니다.

※ です와 ます를 잘 구분하여 사용하도록 한다.

회화

26 この 小包を お願いします。

こづつみ / ねが

코노 코즈쯔미오 오네가이시마스

Track 26

이 소포를 부탁합니다.

この 小包を お願いします。(こづつみ / ねが) 이 소포를 부탁합니다.
코노 코즈쯔미오 오네가이시마스

航空便で お願いします。(こうくうびん / ねが) 항공편으로 부탁합니다.
코-꾸-빈데 오네가이시마스

金	すみません。 스미마셍	실례합니다.
	この 小包を お願いします。(こづつみ / ねが) 코노 코즈쯔미오 오네가이시마스	이 소포를 부탁합니다.
局員(きょくいん) 쿄꾸잉	航空便ですか、船便ですか。(こうくうびん / ふなびん) 코-꾸-빈데스까 후나빈데스까	항공편입니까? 배편입니까?
金	航空便で お願いします。(こうくうびん / ねが) 코-꾸-빈데 오네가이시마스	항공편으로 부탁합니다.
局員(きょくいん)	1キロなので、3400円に なります。(えん) 이찌키로나노데 산젱욘하꾸엔니 나리마스	1kg이니까 3400엔 되겠습니다.
金	何日ぐらい かかりますか。(なんにち) 난니찌구라이 카까리마스까	며칠 정도 걸립니까?
局員(きょくいん)	1週間ぐらい かかります。(しゅうかん) 잇슈-깡구라이 카까리마스	1주일 정도 걸립니다.
	こちらは 受取証です。(うけとりしょう) 코찌라와 우께또리쇼-데스	이것은 영수증입니다.

새어휘

- こづつみ(小包 코즈쯔미) 소포
- きょくいん(局員 쿄꾸잉) 국직원
- こうくうびん(航空便 코–꾸–빙) 항공편
- ふなびん(船便 후나빙) 배편
- キロ(키로) 킬로그램
- ～ぐらい(구라이) ～정도
- かかる(카까루) 걸리다
- うけとりしょう(受取証 우께또리쇼–) 영수증

Japan

能(のう) · **文樂**(ぶんらく)
노– 분라꾸

能(のう): 배우가 탈을 쓰고 나와 노래(謡曲(ようきょく))를 부르면서 연기하는 가면음악극으로 초기의 소박하고 종교적인 기능에서 화려하고 웅장함을 띤다.
움직임이 거의 없는 것이 특징이다.

文樂(ぶんらく): 3개의 꼭두각시 인형을 가지고 하는 설화인형극으로 인형의 멋진 연기와 화려한 의상, 사미센이 어우러지는 모습을 만끽할 수 있다.
인형을 조작하는 이들이 검은 옷을 입고 등장하나, 이들 때문에 인형극의 재미가 떨어지는 것은 전혀 없다.

01 ~로 부탁합니다. ~で お願(ねが)いします。 ~데 오네가이시마스

普通便(ふつうびん)ですか、速達(そくたつ)ですか。 보통편입니까? 속달입니까?
후쯔—빈데스까 소꾸따쯔데스까

速達(そくたつ)で お願(ねが)いします。 속달로 부탁합니다.
소꾸따쯔데 오네가이시마스

02 ~니까 · ~므로 ~なので ~나노데

のでは 객관적 사실에 대한 원인 · 이유를 나타낼 때 쓰인다. 명사의 경우엔 앞에「な」가 들어가는 것이 특징이다.

1キロなので 3400円(えん)に なります。 1kg이니까 3400엔 되겠습니다.
이찌키로나노데 산젱욘햐꾸엔니 나리마스

03 ~(이)가 되다. ~に なる ~니 나루

3400円に なります。 산젱욘햐꾸엔니 나리마스 3400엔 되겠습니다.

夏休(なつやす)みに なる。 나쯔야스미니 나루 여름방학이 되다.

04 ~걸리다 ~かかる ~카까루

날짜나 시간이 소요됨을 나타내는 표현이다.

時間(じかん)が かかります。 지깡가 가까리마스 시간이 걸립니다.

실용문형

✱ 우체국 이용

こづつみ　おく
この 小包を 送りたいんですが。
코노 코즈쯔미오 오꾸리따인데스가
이 소포를 보내고 싶은데요.

でんぽう　う
電報を 打ちたいですが。
뎀뽀– 오 우찌따이데스가
전보를 치고 싶은데요.

てがみ　だ
この 手紙を 出したいんですが。
코노 데가미오 다시따인데스가
이 편지를 보내고 싶은데요.

かきとめ
書留で おねがいします。
카끼또메데 오네가이시마스
등기로 부탁합니다.

こうくうびん
航空便で おねがいします。
코–꾸–빈데 오네가이시마스
항공편으로 부탁합니다.

えんきって　まい
～円切手 ～枚 ください。
~엥키떼 ~마이 구다사이
～엔짜리 우표 ～장 주십시오.

✱ 요구사항·질문

か
ここに 書いて ください。
코꼬니 카이떼 구다사이
여기에 써 주십시오.

なかみ　なん
中身は 何ですか。
나까미와 난데스까
내용물은 무엇입니까?

관련어휘

- ゆうびんきょく(郵便局 유–빙꾜꾸) 우체국
- はがき(葉書 하가끼) 엽서
- ふうとう(封筒 후–또–) 봉투
- かきとめ(書留 카끼또메) 등기
- てがみ(手紙 테가미) 편지
- きって(切手 키떼) 우표
- びんせん(便箋 빈셍) 편지지
- そくたつ(速達 소꾸따쯔) 속달

- お昼休み（ひるやすみ / 오히루야스미）/ 仕事（しごと / 시고또）/ 授業（じゅぎょう / 쥬교−）/ バイト（바이또） は（와） 何時から（なんじ / 난지까라） 何時までですか。（なんじ / 난지마데데스까）

점심시간은 몇 시부터 몇 시까지입니까?
일은 몇 시부터 몇 시까지입니까?
수업은 몇 시부터 몇 시까지입니까?
아르바이트는 몇 시부터 몇 시까지입니까?

- 私は（わたし / 와따시와） 六時に（じ / 로꾸지니） 起きます。（お / 오끼마스）/ 朝ご飯を（あさ はん / 아사고항오） 食べます。（た / 타베마스）/ 学校へ（がっこう / 각꼬−에） 行きます。（い / 이끼마스）

나는 6시에 일어납니다.
나는 6시에 아침밥을 먹습니다.
나는 6시에 학교에 갑니다.

- 私は（わたし / 와따시와） たばこは（타바꼬와） 吸いません。（す / 스이마셍）/ テレビは（테레비와） 見ません（み / 미마셍）/ 朝ご飯は（あさ はん / 아사고항와） 食べません。（た / 타베마셍）

나는 담배는 피지 않습니다.
나는 텔레비전은 보지 않습니다.
나는 아침밥은 먹지 않습니다.

- 航空便（こうくうびん / 쿠−꼬−빈）/ 書留（かきとめ / 카끼또메）/ 速達（そくたつ / 소꾸따쯔） でおねがいします。（데오네가이시마스）

항공편으로 부탁합니다.
등기로 부탁합니다.
속달로 부탁합니다.

한자익히기

한자	음/훈	예	
聞 듣다, 들리다	음 ぶん, もん	新聞(しんぶん) 심붕 신문	転聞(でんぶん) 뎀붕 전문
	훈 きく, きこえる	前代未聞(ぜんだいみもん) 젠다이미몽 전대미문	
見 보다, 보이다	음 けん	発見(はっけん) 학껭 발견	見本(みほん) 미홍 견본
	훈 みる, みえる	見学(けんがく) 켕가꾸 견학	
話 말하다, 말	음 わ	対話(たいわ) 타이와 대화	電話(でんわ) 뎅와 전화
	훈 はなす, はなし	昔話(むかしばなし) 무까시바나시 옛날이야기	

쉬어가기

〒마크

일본의 우체국 마크는 〒로 표시된다. 일본의 우체국도 우리와 마찬가지로 저금, 보험, 공공료 납부 같은 업무도 보며 원래 임무인 속달, 등기 등의 우편일도 담당한다. 영업시간은 오전 9시부터 7시까지이다. (우편물을 배달하지 않는 특정국의 경우엔 오후 5시까지)

독자 여러분 우편번호가 처음 만들어진 나라는 어디일까요? 너무 쉬웠나요?

바로바로 일본이랍니다.

27 학교에서 연락이 있었습니까?

Track 27

がっこう
学校から れんらくが ありましたか。
각꼬–까라 렌라꾸가 아리마시따까

がっこう
学校から れんらくが ありましたか。 학교에서 연락이 있었습니까?
각꼬–까라 렌라꾸가 아리마시따까

なん
いいえ、何の れんらくも ありませんでした。 아니오, 아무런 연락도 없었습니다.
이–에 난노 렌라꾸모 아리마센데시따

きのう い
❑ あなたは 昨日 どこかへ 行きましたか。 당신은 어제 어딘가에 갔었습니까?
아나따와 키노– 도꼬까에 이끼마시따까

いいえ、 아니오,
이– 에

い
どこへも 行きませんでした。 아무데도 가지 않았습니다.
도꼬에모 이끼마센데시따

いちにちじゅう うち み
一日中、家で テレビを 見ました。 하루종일, 집에서 텔레비전을 봤습니다.
이찌니찌쥬– 우찌데 테레비오 미마시따

がっこう
❑ 学校から れんらくが ありましたか。 학교에서 연락이 있었습니까?
각꼬–까라 렌라꾸가 아리마시따까

いいえ、 아니오,
이– 에

なん
何の れんらくも ありませんでした。 아무런 연락도 없었습니다.
난노 렌라꾸모 아리마센데시따

새어휘

- きのう(昨日 키노-) 어제
- うち(家 우찌) 집
- ～で(데) ～에서
- テレビ(테레비) 텔레비전
- みる(見る 미루) 보다
- れんらく(렌라꾸) 연락
- なんの (何の 난노) 아무런
- いちにちじゅう(一日中 이찌니찌쥬-) 하루종일
- どこかへ(도꼬까에) 어딘가에
- いく(行く 이꾸) 가다

Q&A

Q: 「하루종일」은 「一日中(いちにちじゅう)」라고 하네요.

A: 中의 경우 じゅう, ちゅう 두 가지 경우로 읽히며, 그 뜻에는 약간 차이가 있지요. じゅう의 경우엔 앞말이 나타낸 기간 전체 내내라는 뜻이며, ちゅう는 그 일정기간 안에 일어난 것을 가리킵니다.

- 世界中(せかいじゅう) 온세계 세까이쥬-
- 授業中(じゅぎょうちゅう) 수업중 쥬교-쮸-

01 ます마 스의 과거형 → ました마시따

書(か)く 카꾸 → 書(か)きました	카끼마시따	썼습니다.
見(み)る 미루 → 見(み)ました	미마시따	봤습니다.
食(た)べる 타베루 → 食(た)べました	타베마시따	먹었습니다.
くる 쿠루 → きました	키마시따	왔습니다.
する 스루 → しました	시마시따	했습니다.

02 ~에·로 ~へ 에

동작의 방향과 위치를 나타내는 격조사이다.

学校(がっこう)へ 行(い)く	각꼬—에 이꾸	학교에 가다.
どこへも 行(い)きません。	도꼬에모 이끼마셍	어디에도 가지 않습니다.

03 ます마스의 과거부정형 → ませんでした 마센데시따

書(か)く 카꾸 → 書(か)きませんでした	카끼마센데시따	쓰지 않았습니다
見(み)る 미루 → 見(み)ませんでした	미마센데시따	보지 않았습니다.
食(た)べる 타베루 → 食(た)べませんでした	타베마센데시따	먹지 않았습니다.
くる 쿠루 → きませんでした	키마센데시따	오지 않았습니다.
する 스루 → しませんでした	시마센데시따	하지 않았습니다.(안했습니다)

04 ～에서 ～で 데

동작이 이루어지는 장소를 나타낸다.

家(うち)で テレビを 見(み)る。 우찌데 테레비오 미루 집에서 텔레비전을 보다.

05 ます마스의 과거의문형 → ましたか 마시따까

書(か)く 카꾸 → 書(か)きましたか	카끼마시따까	썼습니까?
見(み)る 미루 → 見(み)ましたか	미마시따까	봤습니까?
食(た)べる 타베루 → 食(た)べましたか	타베마시따까	먹었습니까?
くる 쿠루 → きましたか	키마시따까	왔습니까?
する 스루 → しましたか	시마시따까	했습니까?

연습코너

일본어로 말해 보세요.

- 어제 어딘가에 갔었습니까?
- 아무런 연락도 없었습니다.

회화

28 今日の為替レートはいくらですか。

きょう　かわせ
今日の 為替レートは いくらですか。
쿄-노 카와세레— 또와 이꾸라데스까

Track 28

오늘의 환율은 얼마입니까?

りょうがえ　まどぐち
両替は どの 窓口ですか。 환전은 어느 창구입니까?
료— 가에와 도노 마도구찌데스까

きょう　かわせ
今日の 為替レートは いくらですか。 오늘의 환율은 얼마입니까?
쿄— 노 카와세레— 또와 이꾸라데스까

金 すみませんしん。 실례합니다.
스미마셍

りょうがえ　まどぐち
両替は どの 窓口ですか。 환전은 어느 창구입니까?
료— 가에와 도노 마도구찌데스까

行員(こういん) はい、では
코—잉 하이 데와

かい　がいこくかわせ　まどぐち
2階の 外国為替の 窓口へ どうぞ。
니까이노 가이꼬꾸가와세노 마도구찌에 도— 조
예, 그럼 2층 외국환 창구로 가십시오.

りょうがえ
おいくら 両替しましょうか。 얼마 환전하시겠습니까?
오이꾸라 료— 가에시마쇼— 까

金 100万ウォンです。 100만원입니다.
하꾸망원데스

きょう　かわせ
今日の 為替レートは いくらですか。 오늘의 환율은 얼마입니까?
쿄— 노 카와세레— 또와 이꾸라데스까

새어휘

- りょうがえ(両替 료-가에) 환전
- まどぐち(窓口 마도구찌) 창구
- がいこくかわせ(外国為替 가이꼬꾸가와세) 외국환
- ウォン(원) 원
- かわせレート(為替レート 카와세레-또) 외환시세
- ～につき(～니쯔끼) ～에(대해)

行員(こういん)	1ドルに　つき　1100ウォンです。 이찌도루니　쯔끼　센햐꾸원데스	1달러에 1100원입니다.
	よろしいですか。 요로시-데스까	좋습니까?
金	はい、お願(ねが)いします。 하이　오네가이시마스	예, 부탁합니다.

Japan

일본어인가? 한국어인가?

소데나시(そでなし 소데나시) 민소매	노가다(どかた 도까따) 공사판 막노동꾼
치라시(ちらし 치라시) 광고전단	다꾸앙(たくあん 타꾸앙) 단무지
츠메끼리(つめきり 츠미끼리) 손톱깎기	기지(きじ 키지) 천
히야시(ひやし 히야시) 차게 함	콘죠오(こんじょう 콘죠-) 근성

01 ます마스의 권유형 · 의지형 → ましょう마쇼–

書く 카꾸 → 書きましょう 카끼마쇼–		씁시다
見る 미루 → 見ましょう 미마쇼–		봅시다
食べる 타베루 → 食べましょう 타베마쇼–		먹읍시다
くる 쿠루 → きましょう 키마쇼–		옵시다
する 스루 → しましょう 시마쇼–		합시다

02 ます마스의 의향형 → ましょうか 마쇼– 까

書く 카꾸 → 書きましょうか 카끼마쇼– 까	쓸까요?
見る 미루 → 見ましょうか 미마쇼– 까	볼까요?
食べる 타베루 → 食べましょうか 타베마쇼– 까	먹을까요?
くる 쿠루 → きましょうか 키마쇼– 까	올까요?
する 스루 → しましょうか 시마쇼– 까	할까요?

03 ～에 대해 · ～당 → ～に つき니쯔끼

1ドルに つき 1000円 이찌도루니 쯔끼 셍엥	1달러에 1000엔
ひとりに つき 10000ウォン 히또리니 쯔끼 이찌망원	한 사람당 10000원

실용문형

✱ 예금 상담

預金(よきん)を したいんですが。 — 예금을 하고 싶은데요.
요낑오 시따인데스가

～を 引(ひ)き出(だ)したいんですが。 — ～을 인출하고 싶은데요.
~오 히끼다시따인데스가

残高(ざんだか)を 知(し)りたいんですが。 — 잔고를 알고 싶은데요.
잔다까오 시리따인데스가

送金(そうきん)を したいんですが。 — 송금하고 싶은데요.
소－낑오 시따인데스가

手数料(てすうりょう)は いくら かかりますか。 — 수수료는 얼마나 듭니까?
데스－료－와 이꾸라 가까리마스까

✱ 환전

いくら お替(か)えに なりますか。 — 얼마 바꾸시겠습니까?
이꾸라 오까에니 나리마스까

ドルを 円(えん)に 替(か)えたいんですが。 — 달러를 엔으로 바꾸고 싶은데요.
도루오 엔니 카에따인데스가

ドラベラ―ズ チェックでも 両替(りょうがえ)できますか。
토라베라－즈첵꾸데모 료－가에데끼마스까
여행자수표로 환전이 가능합니까?

관련어휘

- ぎんこう(銀行 깅꼬－) 은행
- よきん(預金 요낑) 예금
- りし(利子 리시) 이자
- げんきん(現金 겡낑) 현금
- りょうがえ(両替 료－가에) 환전
- おかね(お金 오까네) 돈
- こぎって(小切手 코깃떼) 수표
- ドラベラ―ズ チェック(토라베라－즈첵꾸) 여행자수표

□	どこかへ 行(い)きましたか。 도꼬까에 이끼마시따까	어딘가에 갔었습니까?
□	電話(でんわ)が ありましたか。 뎅와가 아리마시따까	전화가 있었습니까?
□	いつ日本(にほん)へ 来(き)ましたか。 이쯔니혼에 키마시따까	언제 일본에 왔습니까?

□	どこへも 行(い)きませんでした。 도꼬에모 이끼마센데시따	아무데도 가지 않았습니다.
□	何(なん)の 連絡(れんらく)も ありませんでした。 난노 렌라꾸모 아리마센데시따	아무런 연락도 없었습니다.
□	お酒(さけ)は 飲(の)みませんでした。 오사께와 노미마센데시따	술은 마시지 않았습니다.

□	預金(よきん)を し 요낑오 시	たいんですが。 따인데스가	예금을 하고 싶은데요.
	～を 引(ひ)き出(だ)し ~오 히끼다시		~을 인출하고 싶은데요.
	送金(そうきん) し 소-낀 시		송금하고 싶은데요.

한자익히기

食 먹다	음 しょく, じき / 훈 くう, たべる	食堂(しょくどう) 쇼꾸도– 식당 / 断食(だんじき) 단지끼 단식	和食(わしょく) 와쇼꾸 일식
飲 마시다	음 いん / 훈 のむ	飲酒(いんしゅ) 인슈 음주	飲み物(のみもの) 노미모노 음료
動 움직이다, 움직이게 하다	음 どう / 훈 うごく, うごかす	動物(どうぶつ) 도–부쯔 동물	運動(うんどう) 운도– 운동

쉬어가기

은행예금의 종류

은행예금의 종류에도 여러 가지가 있겠죠. 조금만 들여다 봅시다.

普通(ふつう) 후쯔–　定期(ていき) 테–끼　通知(つうち) 츠–찌　当座(とうざ) 토–자 + 預金(よきん) 요낑

저금을 많이 하면 나라가 부강해집니다. 나라가 부강해지면 어떻게 되냐고요? 그야~~ 다 여러분 잘 살자고 하는 거죠 뭐!!

利子(りし) 이자 리시　利回り(りまわ) 이율 리마와리

첫걸음

29 이번 달은 몇 월입니까?

Track 29

こんげつ　なんがつ
今月は 何月ですか。
콩게쯔와　낭가쯔데스까

こんげつ　なんがつ
今月は 何月ですか。　이번 달은 몇 월입니까?
콩게쯔와　낭가쯔데스까

らいしゅう　にちようび　なんにち
来週の 日曜日は 何日ですか。　다음주 일요일은 며칠입니까?
라이슈―노　니찌요―비와　난니찌데스까

こんげつ　なんがつ
□ 今月は 何月ですか。　이번달은 몇 월입니까?
콩게쯔와　낭가쯔데스까

こんげつ　しがつ
今月は 4月です。　이번달은 4월입니다.
콩게쯔와　시가쯔데스

きょう　なんにち
□ 今日は 何日ですか。　오늘은 며칠입니까?
쿄―와　난니찌데스까

きょう
今日は いつかです。　오늘은 5일입니다.
쿄―와　이쯔까데스

らいしゅう　にちようび　なんにち
□ 来週の 日曜日は 何日ですか。　다음주 일요일은 며칠입니까?
라이슈―노　니찌요―비와　난니찌데스까

4月23日です。　4월 23일입니다.
시가쯔 니쥬―산니찌데스

새어휘

- こんげつ(今日 콩게쯔) 이번달
- なんがつ(何月 낭가쯔) 몇월
- しがつ(4月 시가쯔) 4月
- らいしゅう(来週 라이슈-) 다음주
- にちようび(日曜日 니찌요-비) 일요일
- せんしゅう(先週 센슈-) 지난주
- げつようび(月曜日 게쯔요-비) 월요일

せんしゅう げつようび なんにち
□ 先週の 月曜日は 何日でしたか。 지난주 월요일은 며칠이었습니까?
센슈- 노 게쯔요- 비와 난니찌데시따까

みっかでした。 3일이었습니다.
믹까데시따

일 日(ひ)

	과거		현재	미래	
日 일	おととい 一昨日 오또또이 그저께	きのう 昨日 키노– 어제	きょう 今日 쿄– 오늘	あした 明日 아시따 내일	あさって 明後日 아삳떼 모레

주 週(しゅう)

	과거		현재	미래	
週 주	せんせんしゅう 先先週 센센슈 – 지지난주	せんしゅう 先週 센슈– 지난주	こんしゅう 今週 콘슈– 이번주	らいしゅう 来週 라이슈 – 다음주	さらいしゅう 再来週 사라이슈 – 다다음주

월 月(つき)

	과거		현재	미래	
月 월	せんせんげつ 先先月 센셍게쯔 지지난달	せんげつ 先月 셍게쯔 지난달	こんげつ 今月 콩게쯔 이달	らいげつ 来月 라이게쯔 다음달	さらいげつ 再来月 사라이게쯔 다다음달

년 年(とし)

	과거		현재	미래	
年 년	おととし 一昨年 오또또시 재작년	きょねん 去年 쿄넹 작년	ことし 今年 코또시 금년, 올해	らいねん 来年 라이넹 내년	さらいねん 再来年 사라이넹 내후년

05 です데스의 과거형 → でした데시따

学生(がくせい) 각세— → 学生(がくせい)でした。 각세— 데시따		학생이었습니다.
きのうは 日曜日(にちようび)でした。 키노— 와 니찌요— 비데시따		어제는 일요일이었습니다.

06 요일 曜日(ようび)

月曜日(げつようび) 월요일 게쯔요—비	火曜日(かようび) 화요일 카요—비	水曜日(すいようび) 수요일 스이요—비
木曜日(もくようび) 목요일 모꾸요—비	金曜日(きんようび) 금요일 킹요—비	土曜日(どようび) 토요일 도요—비
日曜日(にちようび) 일요일 니찌요—비	何曜日(なんようび) 무슨 요일 낭요—비	

일본어로 말해보세요.

- 지난주 금요일은 며칠이었습니까?

회화

30 メニューを お願(ねが)いします。

메뉴-오 오네가이시마스

메뉴를 부탁합니다.

Track 30

メニューを お願(ねが)いします。 메뉴를 부탁합니다.
메뉴-오 오네가이시마스

田中(たなか)さんは 何(なに)に しますか。 田中씨는 무엇으로 하시겠습니까?
타나까산와 나니니 시마스까

店員(てんいん) 텡잉
いらっしゃいませ。 어서 오십시오.
이랏샤이마세

何名様(なんめいさま)ですか。 몇 분이십니까?
남메-사마데스까

金
二人(ふたり)です。 두 사람입니다.
후따리데스

店員(てんいん)
こちらへ どうぞ。 이쪽으로 오십시오.
코찌라에 도-조

金
メニューを お願(ねが)いします。 메뉴를 부탁합니다.
메뉴-오 오네가이시마스

田中(たなか)さんは 何(なに)に しますか。 田中씨는 무엇으로 하시겠습니까?
타나까산와 나니니 시마스까

田中(たなか)
私(わたし)は ブルゴギ定食(ていしょく)が いいです。 나는 불고기정식이 좋겠습니다.
와따시와 부루고기테-쇼꾸가 이-데스

- てんいん(店員 텡잉) 점원
- なんめいさま(何名様 남메－사마) 몇 분
- メニュー(메뉴－) 메뉴
- ににんまえ(二人前 니닌마에) 2인분
- ブルゴギていしょく(ブルゴギ定食 부루고기테－쇼꾸) 불고기정식

金 では、定食(ていしょく)を 二人前(ににんまえ) お願(ねが)いします。 그럼 정식을 2인분 부탁합니다.
데와 테－쇼꾸오 니닌마에 오네가이시마스

Japan

きもの
着物
키모노

일본의 전통의상으로 폭이 넓은 おび라는 띠로 몸을 조여 매어 주는 것이 특징이다. 우리의 한복이 곡선미를 살렸다면 일본의 きもの는 직선미의 극치이다. 무척이나 화려하고 값 또한 만만치 않아 일본인들도 맞춰 입기 힘든 옷이 되어버리긴 했지만 일본을 대표하는 세계적 의상이다.

01 몇 분 何名様(なんめいさま) 남메―사마

물어볼 때 何名(なんめい)로 물어봤다고 해서 「～名(めい)です」라고 대답해서는 안된다.

「～人(にん)」의 형태로 대답함에 유의한다. (여기서 様(さま)(님)을 나타내는 존경 표현)

何名様(なんめいさま)ですか。	남메― 사마데스까	몇 분이십니까?
二人(ふたり)です。	후따리데스	2명입니다.

02 2인분 二人前(ににんまえ) 니님마에

1인분, 2인분을 1人分, 2人分이라고도 1人前, 2人前라고도 하는 것에 유의한다.
여기서 まえ는 분 · 몫의 의미이다.

チキンカレー 一人前(いちにんまえ)	치낑카레― 이찌님마에	치킨카레 1인분
おすし 二人前(ににんまえ)	오스시 니님마에	초밥 2인분

※ 1인, 2인의 경우 ひとり, ふたり가 아닌 いちにん, ににん이라 함.

03 ～로 하겠습니다. ～にします 니시마스

「～로」에 조사 「に」가 옴에 유의한다.

何(なに)に しますか。	나니니 시마스까	뭘로 하겠습니까?
ビールに します。	비―루니 시마스	맥주로 하겠습니다.

실용문형

자리 안내・주문

いらっしゃいませ。何名様(なんめいさま)ですか。 어서 오십시오. 몇 분이십니까?
이랏샤이마세 남메– 사마데스까

メニュ―でございます。 메뉴입니다.
메뉴– 데고자이마스

何(なに)になさいますか。 무엇으로 하시겠습니까?
나니니 나사이마스까

ご注文(ちゅうもん)は。 주문하시겠습니까?
고쮸– 몬와

お決(き)まりですか。 정하셨습니까?
오끼마리데스까

주문

～を ください。 ～을 주십시오.
~오 구다사이

～(を) お願(ねが)いします。 ～(을) 부탁합니다.
~오 오네가이시마스

今日(きょう)の おすすめ料理(りょうり)は 何(なん)ですか。 오늘의 추천요리는 무엇입니까?
쿄– 노 오스스메료– 리와 난데스까

관련어휘

- しょくどう(食堂 쇼꾸도–) 식당
- わしょく(和食 와쇼꾸) 일식
- ウェイタ―(웨이따–) 웨이터
- メニュー(메뉴–) 메뉴
- のみもの(飲み物 노미모노) 음료
- かんじょう(勘定 칸죠–) 계산
- りょうり(料理 료–리) 요리
- ようしょく(洋食 요–쇼꾸) 양식

❑ こんげつ 今月 콩게쯔	は 와	なんがつ 何月ですか。 낭가쯔데스까	이번달은 몇 월입니까?
らいげつ 来月 라이게쯔			다음달은 몇 월입니까?

❑ きょう 今日 쿄—	は 와	なんにち 何日ですか。 난니찌데스까	오늘은 며칠입니까?
あした 明日 아시따			내일은 며칠입니까?
あさって 아삳떼			모레는 며칠입니까?

❑ せんしゅう 先週の 센슈— 노 げつようび 月曜日 게쯔요—비	なんにち は何日でしたか。 와난니찌데시따까	지난주 월요일은 며칠이었습니까?
きのう 키노—		어제는 며칠이었습니까?

❑ メニュー 메뉴—	ねが お願いします。 오네가이시마스	메뉴 부탁합니다.
ていしょく 定食を 테— 쇼꾸오 ににんまえ 2人前 니닌마에		정식을 2인분 부탁합니다.

한자익히기

人 사람	음 じん, にん	人生(じんせい) 진세–	인생	本人(ほんにん) 혼닝	본인
	훈 ひと	小人(こびと) 코비또	난장이		
男 남자, 사나이, 아들	음 だん, なん	男性(だんせい) 단세–	남성	長男(ちょうなん) 쵸–낭	장남
	훈 おとこ	男の子(おとここ) 오또꼬노꼬	남자아이(사내아이)		
女 여자, 딸, 계집	음 じょ, にょ, にょう	女性(じょせい) 죠세–	여성	女房(にょうぼう) 뇨–보–	마누라, 아내
	훈 おんな, め	乙女(おとめ) 오또메	소녀, 처녀		

쉬어가기

식사시 에티켓

일본도 우리와 마찬가지로 젓가락 문화권이다. 그러나 그 사용법에는 다소 차이가 있다. 우리는 반찬을 먹을 때나 젓가락을 사용하는 데 비해 일본은 국물의 건더기도 젓가락을 사용한다. 이것은 숟가락을 거의 사용하지 않는 그네들의 식생활에서 비롯된 것이다. 국물은 그릇을 들고 마시며, 밥 역시 손에 들고 젓가락으로 먹는다. 식구들끼리도 개인용을 주장하는 그네들, 그래서 젓가락도 색색가지라는데 세트 맞추기 좋아하는 우리네와는 역시 문화가 틀린가보다. 우린 밥공기 들고 먹다간 엄마한테 혼나기 일쑤인데 그네들에겐 밥공기를 내려놓는 건 동물이나 하는 짓이라나.

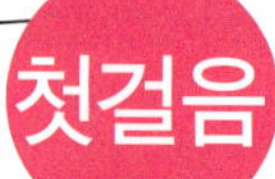

31 가이드는 친절했습니까?

Track 31

しんせつ
ガイドは 親切でしたか。
가이도와 신세쯔데시따까

トイレは きれいだったですか。 화장실은 깨끗했습니까?
토이레와 키레－ 닫따데스까

しんせつ
ガイドは 親切でしたか。 가이드는 친절했습니까?
가이도와 신세쯔데시따까

りょこう
□ 旅行は いかがでしたか。 여행은 어떠셨습니까?
료꼬－와 이까가데시따까

なかなか よかったです。 상당히 좋았습니다.
나까나까 요깓따데스

□ トイレは きれいだったですか。 화장실은 깨끗했습니까?
토이레와 키레－ 닫따데스까

ええ、とても きれいだったです。 예, 매우 깨끗했습니다.
에－ 토떼모 키레－ 닫따데스

しんせつ
□ ガイドは 親切でしたか。 가이드는 친절했습니까?
가이도와 신세쯔데시따까

しんせつ
いいえ、あまり 親切では ありませんでした。
이－ 에 아마리 신세쯔데와 아리마센데시따
아니오, 그다지 친절하지 않았습니다.

새어휘

- りょこう(旅行 료꼬-) 여행
- とても(토떼모) 매우
- ずいぶん(즈이붕) 꽤
- ガイド(가이도) 가이드
- きれいだ(키레-다) 깨끗하다
- だった(닫따) だ의 과거
- しんせつだ(親切だ 신세쯔다) 친절하다
- あまり+부정(아마리+부정) 그다지 ~않다

Q&A

Q: 정중형, 부정형, 과거형, 과거부정형 정리가 안됩니다.

A:

명사 です	형용사 いです		명사형용사 です	
ではありません	くない (보통체)	くないです (정중체)	ではない (보통체)	ではないです (정중체)
でした	かった (보통체)	かったです (정중체)	だった (보통체)	だったです (정중체)
ではありませんでした	くなかった (보통체)	くなかったです (정중체)	ではなかった (보통체)	ではなかったです (정중체)

동사 ます

ません

ました

ませんでした

※ くないです=くありません　くなかったです=くありませんでした

だったです=でした ではなかったです=ではありませんでした

(명사형용사는 포인트 학습 참조)

01 명사형용사의 과거형 だ 다 → だった 닫따

명사형용사 だ를 だった로 바꾸어주면 과거형이 된다.
(정중형은 「でした」와 「だった」를 정중형으로 고친 「だったです」가 있다)

* トイレは きれいだった。	토이레와 키레― 닫따	화장실은 깨끗했다.
ガイドは 親切(しんせつ)だった。	가이도와 신세쯔닫따	가이드는 친절했다.
* トイレは きれいだったです。	토이레와 키레― 닫따데스	화장실은 깨끗했습니다.
ガイドは 親切(しんせつ)だったです。	가이도와 신세쯔닫따데스	가이드는 친절했습니다.
* トイレは きれいでした。	토이레와 키레― 데시따	화장실은 깨끗했습니다.
ガイドは 親切(しんせつ)でした。	가이도와 신세쯔데시따	가이드는 친절했습니다.

02 명사형용사의 과거부정형 だ 다 → ではなかった 데와나깓따

명사형용사 だ를 ではなかった로 바꾸어준다. 그 정중표현은 「ではなかったです」 또는 「ではありません」의 과거형 「ではありませんでした」가 있다.

* 部屋(へや)は 静(しず)かではなかった。	헤야와 시즈까데와나깓따	방은 조용하지 않았다.
アパートは きれいではなかった。	아빠― 또와 키레― 데와나깓따	아파트는 깨끗하지 않았다.
* 部屋(へや)は 静(しず)かではなかったです。	헤야와 시즈까데와나깓따데스	방은 조용하지 않았습니다.
アパートは きれいではなかったです。	아빠― 또와 키레― 데와나깓따데스	아파트는 깨끗하지 않았습니다.

* 部屋(へや)は 静(しず)かではありませんでした。 방은 조용하지 않았습니다.
헤야와 시즈까데와아리마센데시따

アパートは きれいではありませんでした。 아파트는 깨끗하지 않았습니다.
아빠—또와 키레— 데와아리마센데시따

03 명사형용사의 정중표현

① 정중형 명사형용사 だ → です
다 데스

② 부정형 ではない → ではないです
데와나이 데와나이데스
ではありません
데와아리마셍

③ 과거형 だった → だったです
닫따 닫따데스
でした
데시따

④ 과거부정형 ではなかった → ではなかったです
데와나깓따 데와나깓따데스
ではありませんでした
데와아리마셍데시따시따

연습코너 일본어로 말해보세요.
- 김씨는 친절했습니까? | - 그는 성실하지 않았습니다. | - 테스트는 어땠습니까?

회화

32 入国(にゅうこく)の 目的(もくてき)は 何(なん)ですか。

뉴- 꼬꾸노 모꾸떼끼와 난데스까

Track 32

입국목적은 무엇입니까?

入国(にゅうこく)の 目的(もくてき)は 何(なん)ですか。 입국목적은 무엇입니까?
뉴- 꼬꾸노 모꾸떼끼와 난데스까

日本(にほん)に 何日間(なんにちかん) 滞在(たいざい)する 予定(よてい)ですか。 일본에 며칠간 머무를 예정입니까?
니혼니 난니찌깡 타이자이스루 요떼-데스까

係官(かかりかん) 카까리깡 パスポートを 見(み)せて ください。 여권을 보여 주십시오.
빠스뽀- 또오 미세떼 구다사이

金 はい、これです。 예, 여기 있습니다.
하이 코레데스

係官(かかりかん) 入国(にゅうこく)の 目的(もくてき)は 何(なん)ですか。 입국목적은 무엇입니까?
뉴- 꼬꾸노 모꾸떼끼와 난데스까

金 観光旅行(かんこうりょこう)です。 관광여행입니다.
캉꼬- 료꼬- 데스

係官(かかりかん) 日本(にほん)に 何日間(なんにちかん) 滞在(たいざい)する 予定(よてい)ですか。 일본에 며칠간 머무를 예정입니까?
니혼니 난니찌깡 타이자이스루 요떼- 데스까

金 1週間(しゅうかん)くらいです。 1주일 정도입니다.
잇슈-깡구라이데스

係官(かかりかん) けっこうです。 좋습니다.
켁꼬- 데스

金 では よい ご旅行(りょこう)を。 그럼 좋은 여행이 되시길.
데와 요이 고료- 꼬- 오

새어휘

- パスポート(빠스뽀-또) 여권
- もくてき(目的 모꾸떼끼) 목적
- かかりかん(係官 카까리깡) 담당관
- たいざい(滞在 타이자이) 체재
- なんにちかん(何日間 난니찌깡) 며칠간
- よてい(予定 요떼-) 예정
- けっこうです(켁꼬-데스) 좋습니다, 됐습니다
- かんこうりょこう(観光旅行 캉꼬-료꼬-) 관광여행
- にゅうこく(入国 뉴-꼬꾸) 입국
- にほん(日本 니홍) 일본

Japan

しゃみせん
三味線
샤미센

세 개의 줄이 달린 일본의 전통 현악기, 일본 고유극인 분라꾸의 공연시 연주되는 악기이다. しゃみせん 혹은 さみせん이라고도 한다.

01 ~을(를) 보여 주십시오. ~を 見(み)せて ください 오 미세떼 구다사이

「~て ください」(~해 주십시오)의 표현법이다.

旅券(りょけん)を 見(み)せて ください。 여권을 보여주십시오.
로껭오 미세떼 구다사이

02 ~(할) 예정입니다. ~予定(よてい)です 요떼- 데스

확실하게 정해진 예정을 말할 때 쓰인다.

何日間(なんにちかん) 滞在(たいざい)する 予定(よてい)ですか。 며칠간 머무를 예정입니까?
난니찌깡 타이자이스루 요떼-데스까

あした 帰(かえ)る 予定(よてい)です。 내일 돌아올 예정입니다.
아시따 카에루 요떼-데스

03 괜찮습니다, 좋습니다. けっこうです。 켁꼬- 데스

허락하는 의미를 나타낼 때 쓰인다.

それで けっこうです。 그것으로 좋습니다.
소레데 켁꼬- 데스

실용문형

✱ 입국심사 · 세관신고

入国(にゅうこく)の 目的(もくてき)は 何(なん)ですか。
뉴-꼬꾸노 모꾸떼끼와 난데스까
입국목적은 무엇입니까?

どのくらい 滞在(たいざい)なさいますか。
도노구라이 타이자이나사이마스까
어느 정도 체류하십니까?

どこに 泊(と)まりますか。
도꼬니 토마리마스까
어디에 묵습니까?

パスポートを 見(み)せてください。
빠스뽀- 또오 미세떼구다사이
여권을 보여주십시오.

申告(しんこく)する 物(もの)は ありませんか。
싱꼬꾸스루 모노와 아리마셍까
신고할 물건은 없습니까?

✱ 질문

荷物(にもつ)は どこで 受(う)け取(と)るのですか。
니모쯔와 도꼬데 우께또루노데스까
짐은 어디서 찾습니까?

荷物(にもつ)を 預(あず)けたいんですが。
니모쯔오 아즈께따인데스가
짐을 맡기고 싶은데요.

관련어휘

- くうこう(空港 쿠-꼬-) 공항
- にゅうこく(入国 뉴-꼬꾸) 입국
- しゅっこく(出国 슉꼬꾸) 출국
- とうじょうてつづき(搭乗手続き 토-죠-데쯔즈끼) 탑승수속
- しゅっこくカード(出国カード 슉꼬꾸카-도) 출국카드
- にゅうこくカード(入国カード 뉴-꼬꾸카-도) 입국카드
- こくせき(国籍 콕세끼) 국적
- ぜいかん(税関 제-깡) 세관

❑ 海(うみ)は どうでしたか。 / 우미와 도- 데시따까 — 바다는 어땠습니까?

きれいだったです。(きれいでした) / 키레- 닫따데스 (키레- 데시따) — 바다는 깨끗했습니다.

❑ ガイドは いかがでしたか。 / 카이도와 이까가데시따까 — 가이드는 어떠셨습니까?

親切(しんせつ)だったです。(親切(しんせつ)でした) / 신세쯔닫따데스 (신세쯔데시따) — 가이드는 친절했습니다.

❑ あまり きれいではなかったです。 / 아마리키레- 데와나깓따데스 — 그다지 깨끗하지 않았습니다.

(きれいではありませんでした) / 키레- 데와아리마센데시따

親切(しんせつ)ではなかったです。 / 신세쯔데와나깓따데스 — 그다지 친절하지 않았습니다.

(親切(しんせつ)ではありませんでした) / 신세쯔데와아리마센데시따

好(す)きではなかったです。 / 스끼데와나깓따데스 — 그다지 좋아하지 않았습니다.

(好(す)きではありませんでした) / 스끼데와아리마센데시따

❑ 入国(にゅうこく)の 目的(もくてき)は 何(なん)ですか。 / 뉴- 꼬꾸노 모꾸떼끼와 난데스까 — 입국목적은 무엇입니까?

❑ 観光旅行(かんこうりょこう)です。 / 캉꼬- 료꼬- 데스 — 관광여행입니다.

❑ ビジネスです。 / 비지네스데스 — 비즈니스입니다.

한자익히기

祖 조상, 할아버지	음 そ	祖先(そせん) 소센	조상	祖父(そふ) 소후	조부
	훈	祖母(そぼ) 소보	조모		
父 아버지	음 ふ	父母(ふぼ) 후보	부모	父親(ちちおや) 치찌오야	아버지
	훈 ちち	神父(しんぷ) 심뿌	신부		
母 어머니, 근본	음 ぼ	母国(ぼこく) 보꼬꾸	모국	母親(ははおや) 하하오야	어머니
	훈 はは	母性(ぼせい) 보세–	모성		

쉬어가기

기내에서는 어떤 말이(?)

- 搭乗券(とうじょうけん)を 見(み)せて ください。 탑승권을 보여 주십시오.
  토–죠–껭오 미세떼 구다사이
- この 番号(ばんごう)は どこですか。 이 번호는 어디입니까?
  코노 방고–와 도꼬데스까
- お客様(きゃくさま) 何(なに)を お飲(の)みになりますか。 손님 어떤 음료를 드시겠습니까?
  오꺅사마 나니오 오노미니나리마스까
- 座席(ざせき)の ベルトを お締(し)めになり、おたばこは ご遠慮(えんりょ)くださいますよう お願(ねが)いいたします。
  자세끼노 베루또오 오시메니나리 오다바꼬와 고엔료구다사이마스요– 오네가이이따시마스

좌석벨트를 매시고, 담배는 삼가해 주시도록 부탁드립니다.

NEW
초보자
일본어 따라잡기

오십음도
팬맨쉽

오십음도

히라가나와 카타카나

	あア행	かカ행	さサ행	たタ행	なナ행
あア단	あア あし 발, 다리	かカ かさ 우산	さサ さら 접시	たタ たまご 알	なナ なつ 여름
いイ단	いイ いす 의자	きキ き 나무	しシ しんぶん 신문	ちチ ちち 아빠	にニ にく 고기
うウ단	うウ うで 팔	くク くつ 구두	すス くすり 약	つツ つくえ 책상	ぬヌ いぬ 개
えエ단	えエ えび 새우	けケ けしゴム 지우개	せセ せんせい 선생님	てテ て 손	ねネ ねこ 고양이
おオ단	おオ おちゃ 차(녹차)	こコ こむぎ 밀	そソ そつぎょう 졸업	とト とら 호랑이	のノ のこ 톱

はハ행	まマ행	やヤ행	らラ행	わワ행	んン행
はハ	まマ	やヤ	らラ	わワ	んン
 はな 꽃	 まど 창	 やま 산	 からす 까마귀	 わらい 웃음	 でんわ 전화
ひヒ	みミ		りリ		
 ひ 불	 みみ 귀		 りす 다람쥐		
ふフ	むム	ゆユ	るル		
 ふゆ 겨울	 むすこ 아들	 ゆび 손가락	 くるま 자동차		
へヘ	めメ		れレ		
 へや 방	 め 눈		 れいぞうこ 냉장고		
ほホ	もモ	よヨ	ろロ	をヲ	
 ほん 책	 もも 복숭아	 よる 밤	 せびろ 신사복	조사	

청음이란?

앞페이지의 かな처럼 그 옆에 「〃」나 「°」 같은 표시가 달리지 않은 글자로 성대의 진동이 없는 맑은 소리를 말한다.

あ행

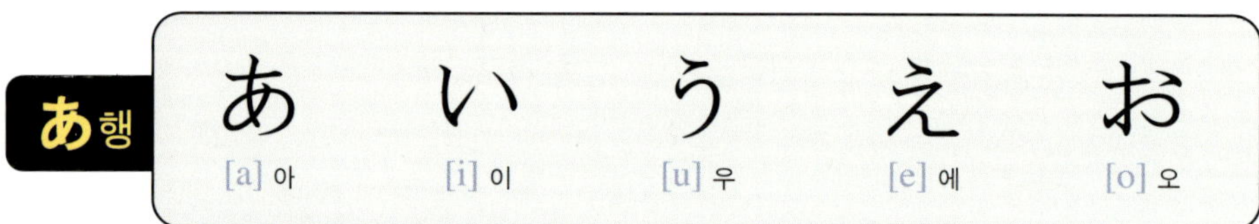

• **발음 설명**

우리말의 「아 · 이 · 우 · 에 · 오」와 거의 비슷하다.

주의: う [u]: 「으」와 「우」의 중간 발음, 입술을 내밀지 말고 발음해야 한다.

예 あい 아이 사랑　いえ 이에 집　うお 우오 물고기
おい 오이 조카

• 쓸 때는 이런 점에 주의하세요.

い: 정확히 대칭이 되게 한쪽이 길면 안된다.

う: 서로 맞닿아선 안된다.

	필순	쓰기 연습						
あ 아	一 ナ あ	あ	あ					
い 이	い い	い	い					
う 우	` う	う	う					
え 에	` え	え	え					
お 오	一 お お	お	お					

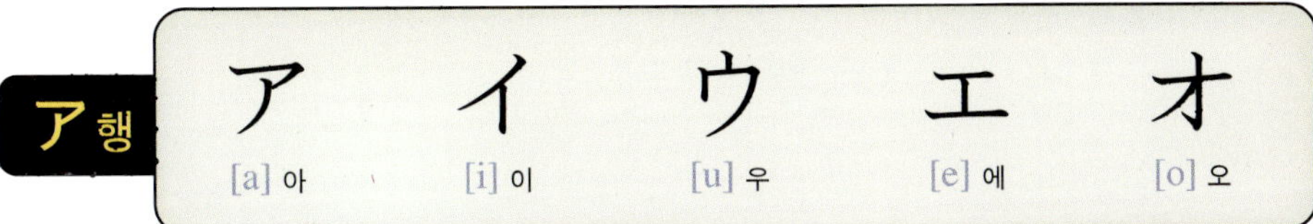

예 **エア** 에아 공기　**アイスクリーム** 아이스꾸리-무 아이스크림
インク 잉꾸 잉크

エスキモー
에스키모(Eskimo)

オレンジ
오렌지

アニマル
동물(animal)

• 쓸 때는 이런 점에 주의하세요.

ア : 2획에 유의하며 써야 한다.

	필순	쓰기 연습						
ア 아	㇇ ア	ア	ア					
イ 이	ノ イ	イ	イ					
ウ 우	' '' ウ	ウ	ウ					
エ 에	一 丅 エ	エ	エ					
オ 오	一 十 オ	オ	オ					

か행

か	き	く	け	こ
[ka] 카	[ki] 키	[ku] 쿠	[ke] 케	[ko] 코

• **발음 설명**

우리말 「ㄱ」과 영어「k」의 중간음 정도로 하되 「k」 에 가깝게 발음한다. 단 2음절 이하부터는 「ㄲ」에 가깝게 발음됨에 유의한다. 첫음절 : 카 · 키 · 쿠 · 케 · 코, 2음절 이하 : 까 · 끼 · 꾸 · 께 · 꼬.(편의상 한글발음 토는 이런식으로 달겠으니 정확한 발음은 항상 염두에 두기 바란다)

＊ 주의 '카키쿠케코' 와 '가기구게고' 의 중간발음이되 2음절 이하부터는 된발음이 된다. 사실 외국어의 발음을 한국음으로 옮긴다는 건 쉬운 일이 아니다. 그래서 거기에 따른 혼란도 많은데, か음의 경우 첫음절의 경우 여기선 「카」로 표기하나, 「가」로 표기해도 그네들에겐 「카」로 들린다 하여 「가」로 표기하는 경우도 있고, 둘째 음절의 경우엔 「까」에 가깝게 들리나 영문표기가 「ka」라 하여 「카」로 표기하는 경우도 적지 않다. 아마 신문이나 TV에선 이 원칙에 가깝다 할 수 있다. 중요한 건 최대한 비슷하게 접근하는 것이 중요하니 원어민의 발음을 참조하여 최선을 다해야 할 것이다.

예 かき 카끼 감　　きかく 키까꾸 기획　　きく 키꾸 국화
こここ 코꼬 여기

• 쓸 때는 이런 점에 주의하세요.

こ : 또박또박 쓰는 습관을 기르자.

	필순	쓰기 연습						
か 카	つ カ か	か	か					
き 키	一 ニ キ き	き	き					
く 쿠	く	く	く					
け 케	l l- け	け	け					
こ 코	一 こ	こ	こ					

カ행

カ	キ	ク	ケ	コ
[ka] 카	[ki] 키	[ku] 쿠	[ke] 케	[ko] 코

예 キー 키- 열쇠　　ケーキ 케-끼 케이크
カカオ 카까오 카카오　　カラオケ 카라오께 가라오케

キリン
기린

カクテル
칵테일

カメラ
카메라(camera)

• 쓸 때는 이런 점에 주의하세요.

コ: 밖으로 선이 나오지 않도록 주의해야 한다.

	필순	쓰기 연습						
カ 카	㇇ カ	カ	カ					
キ 키	一 二 キ	キ	キ					
ク 쿠	ノ ク	ク	ク					
ケ 케	ノ 𠂉 ケ	ケ	ケ					
コ 코	㇇ コ	コ	コ					

さ행

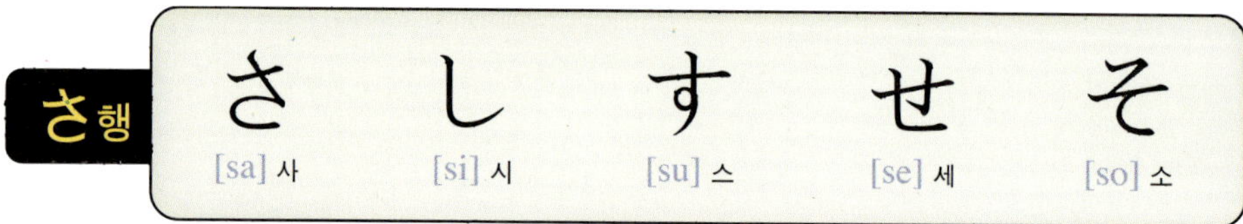

• **발음 설명**

우리말의 「사 · 시 · 스 · 세 · 소」와 거의 비슷하다.
＊주의 す[su]: 「스」와 「수」의 중간 발음, 입술을 내밀지 말고 발음해야 한다.

예 さす 사스 가리키다 　 しし 시시 사자 　 すし 스시 초밥
せき 세끼 좌석

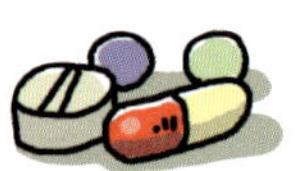
くすり
약

そつぎょう
졸업

すいか
수박

• 쓸 때는 이런 점에 주의하세요.

し: 카따까나(カタカナ)의 レ(레)자와 혼동되기 쉬우니 주의해야 한다.

필순		쓰기 연습						
さ 사	一 さ さ	さ	さ					
し 시	し	し	し					
す 스	一 す	す	す					
せ 세	一 ナ せ	せ	せ					
そ 소	そ	そ	そ					

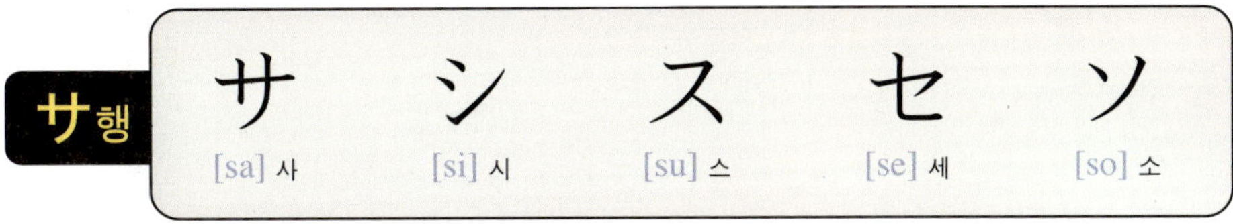

예 システム 시스떼무 시스템　　　スイス 스이스 스위스

セーター 세- 따- 스웨터　　　ソース 소- 스 소스

スピーカー
스피커

スクール
학교(school)

セーター
스웨터(sweater)

• 쓸 때는 이런 점에 주의하세요.

ソ : ン(응)자와 혼동하지 않도록 주의해야 한다.

	필순	쓰기 연습						
サ 사	一 十 サ	サ	サ					
シ 시	ヽ ヾ シ	シ	シ					
ス 스	フ ス	ス	ス					
セ 세	㇇ セ	セ	セ					
ソ 소	ヽ ソ	ソ	ソ					

た행

た	ち	つ	て	と
[ta] 타	[chi] 치	[tsu] 츠	[te] 테	[to] 토

• **발음 설명**

우리말 「ㄷ」과 영어「t」의 중간음 정도로 「t」에 가깝게 발음한다. 이 행도 か행과 마찬가지로 2음절 이하부터는 「ㄸ」에 가깝게 발음됨에 유의한다.

(표기는 첫음절 : '타치츠테토', 2음절 이하 : '따찌쯔떼또' 로 하겠음.)

＊ 주의 ち[chi]: 거의 「찌」에 가깝게 발음한다.

つ[tsu]: 혀끝을 잇몸에 댔다가 떼며 발음해야 한다.

예 たかい 타까이 비싸다, 높다 ちち 치찌 아버지 たつ 타쯔 서다

おとこ 오또꼬 남자

ちょう
나비

ちち
아빠

とら
호랑이

• 쓸 때는 이런 점에 주의하세요.

と: 첫획이 바르게 되도록 써야 한다.

	필순	쓰기 연습						
た 타	一 ナ た た	た	た					
ち 치	一 ち	ち	ち					
つ 츠	つ	つ	つ					
て 테	て	て	て					
と 토	ヽ と	と	と					

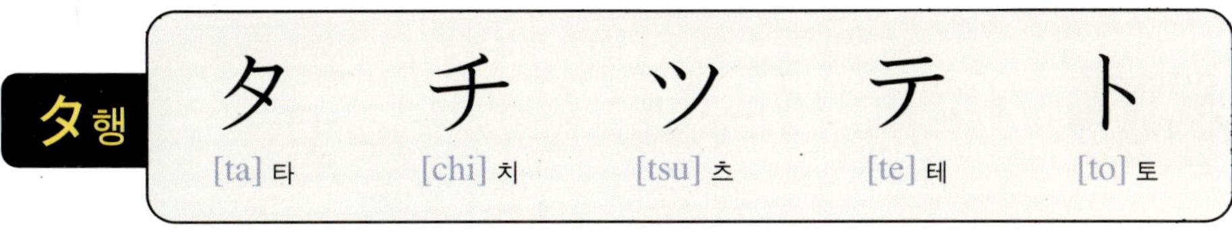

예 タイ 타이 태국　　スポーツ 스뽀-쯔 스포츠
テレビ 테레비 텔레비전　　テーマ 테-마 테마

ツイスト 트위스트(twist)　　トマト 토마토(tomato)　　ツーピース 투피스

• 쓸 때는 이런 점에 주의하세요.

ツ: サ행의 シ(시)자와 혼동하지 않도록 주의해야 한다.

	필순	쓰기 연습						
タ 타	ノ ク タ	タ	タ					
チ 치	一 二 チ	チ	チ					
ツ 츠	丶 丷 ツ	ツ	ツ					
テ 테	一 二 テ	テ	テ					
ト 토	丨 ト	ト	ト					

な행

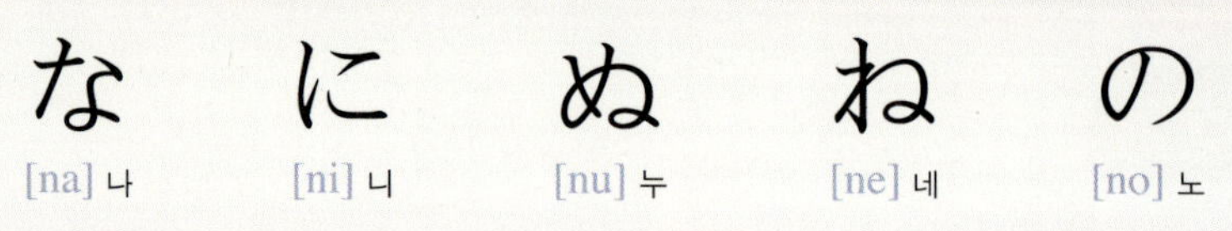

な	に	ぬ	ね	の
[na] 나	[ni] 니	[nu] 누	[ne] 네	[no] 노

• **발음 설명**

우리말의 「나 · 니 · 누 · 네 · 노」와 거의 비슷하다.

＊ 주의 ぬ[nu]: 「느」와 「누」의 중간 발음, 입술을 내밀지 말고 발음해야 한다.

예 なつ 나쯔 여름　　にく 니꾸 고기　　いぬ 이누 개

ねこ 네꼬 고양이

にわ
정원(뜰)

いぬ
개

なみ
파도(물결)

• 쓸 때는 이런 점에 주의하세요.

ぬ: ま행의 め(메)자와 혼동하지 않도록 주의해야 한다.

ね: ら행의 れ(레)자와 혼동하지 않도록 주의해야 한다.

필순		쓰기 연습						
な 나	一 ナ ナ な	な	な					
に 니	い い に	に	に					
ぬ 누	丶 ぬ	ぬ	ぬ					
ね 네	丨 ね	ね	ね					
の 노	の	の	の					

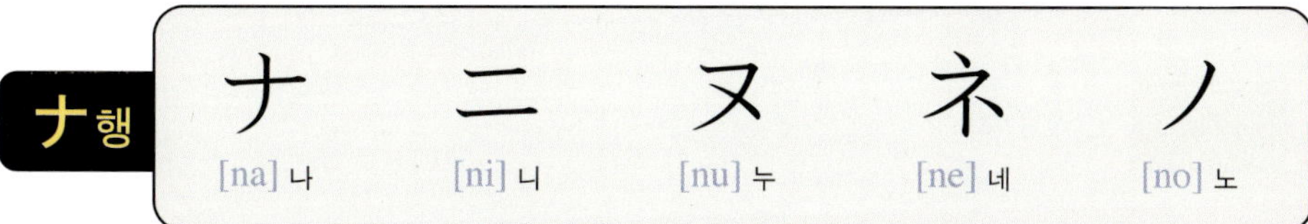

예 **ナート** 나-또 나토(북대서양 조약기구)
ネクタイ 네꾸따이 넥타이 **ノート** 노-또 노트

ナース
간호사

テニス
테니스

ノート
노트(note)

• 쓸 때는 이런 점에 주의하세요.

ヌ : サ행의 ス(스)자와 혼동하지 않도록 주의해야 한다.

	필순	쓰기 연습						
ナ 나	一 ナ	ナ	ナ					
ニ 니	一 ニ	ニ	ニ					
ヌ 누	フ ヌ	ヌ	ヌ					
ネ 네	' ウ ネ ネ	ネ	ネ					
ノ 노	ノ	ノ	ノ					

は행

は	ひ	ふ	へ	ほ
[ha] 하	[hi] 히	[hu] 후	[he] 헤	[ho] 호

• **발음 설명**

우리말의 「하 · 히 · 후 · 헤 · 호」와 거의 비슷하다.

＊ 주의 ふ[hu]: 「흐」와 「후」의 중간 발음, 입술을 내밀지 말고 발음해야 한다.

예 はは 하하 어머니　　ひと 히또 사람　　ふかい 후까이 깊다
へそ 헤소 배꼽

ひ
불

へや
방

ふゆ
겨울

필순		쓰기 연습						
は 하	はは	は	は					
ひ 히	ひ	ひ	ひ					
ふ 후	ふふふ	ふ	ふ					
へ 헤	へ	へ	へ					
ほ 호	ほほほ	ほ	ほ					

ハ행

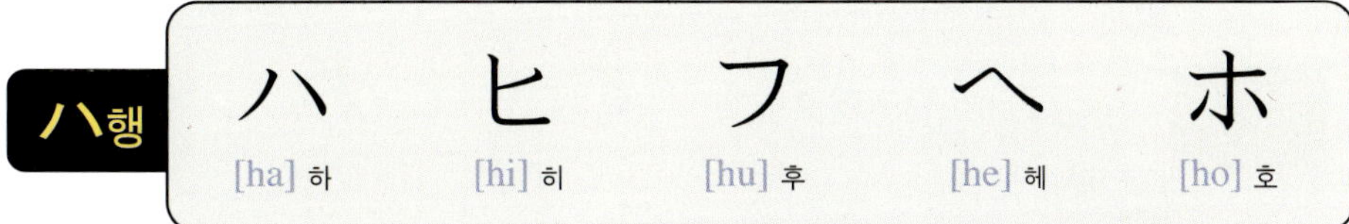

예 ハート 하-또 하트　ヒステリー 히스떼리- 히스테리
ヘアピン 헤아삥 머리핀　ホテル 호떼루 호텔

ホット
뜨거움

パイロット
조종사(pilot)

ビジネス
비즈니스(business)

• 쓸 때는 이런 점에 주의하세요.

ホ: 한자 木(목)자가 되지 않도록 주의해야 한다.

	필순	쓰기 연습						
ハ 하	ノ ハ	ハ	ハ					
ヒ 히	一 ヒ	ヒ	ヒ					
フ 후	フ	フ	フ					
ヘ 헤	ヘ	ヘ	ヘ					
ホ 호	一 十 才 ホ	ホ	ホ					

ま행

ま	み	む	め	も
[ma] 마	[mi] 미	[mu] 무	[me] 메	[mo] 모

• **발음 설명**

우리말의 「마 · 미 · 무 · 메 · 모」와 거의 비슷하다.

＊ 주의 む[mu]: 「므」와 「무」의 중간 발음, 입술을 내밀지 말고 발음해야 한다.

예 まめ 마메 콩　　みみ 미미 귀　　むね 무네 가슴
　 もも 모모 복숭아

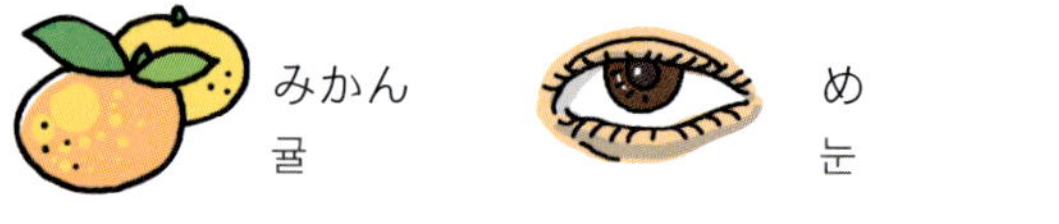

みかん 귤　　め 눈　　むし 벌레

• **쓸 때는 이런 점에 주의하세요.**

む: あ행의 お(오)자와 혼동하지 않도록 주의해야 한다.

め: な행의 ぬ(누)자와 혼동하지 않도록 주의해야 한다.

も: 필순에 유의하여 쓰도록 한다.

	필순	쓰기 연습							
ま 마	ㅡ ＝ ま	ま	ま						
み 미	み み	み	み						
む 무	ㅡ む む	む	む						
め 메	＼ め	め	め						
も 모	し も も	も	も						

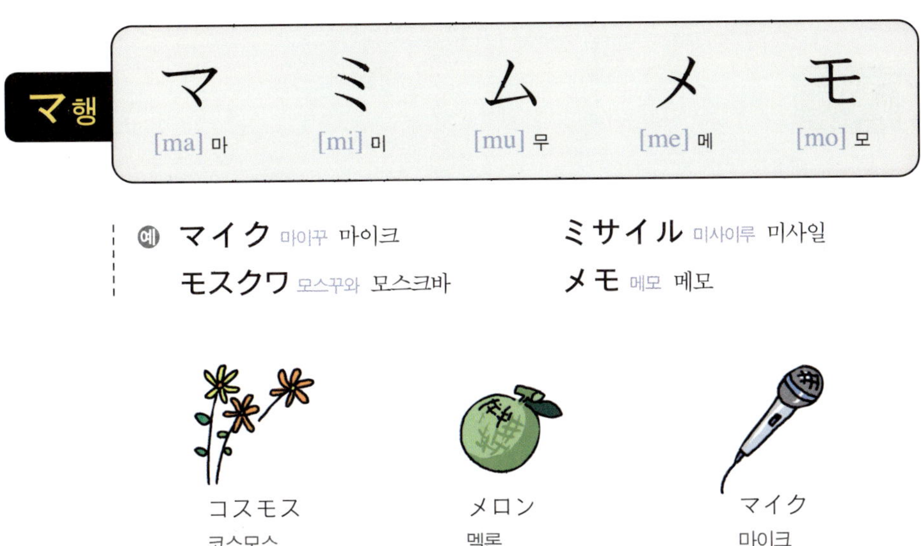

マ행

マ	ミ	ム	メ	モ
[ma] 마	[mi] 미	[mu] 무	[me] 메	[mo] 모

예 マイク 마이꾸 마이크　　ミサイル 미사이루 미사일
モスクワ 모스꾸와 모스크바　　メモ 메모 메모

• 쓸 때는 이런 점에 주의하세요.

メ : ナ행의 ヌ(누)자와 혼동하지 않도록 주의해야 한다.

	필순	쓰기 연습						
マ 마	フ マ	マ	マ					
ミ 미	` ミ ミ	ミ	ミ					
ム 무	ㄥ ム	ム	ム					
メ 메	ノ メ	メ	メ					
モ 모	一 二 モ	モ	モ					

• **발음 설명**

우리말의 「야 · 유 · 요」와 거의 비슷하다.
＊ 주의 : よ[yo]: 입술을 내밀지 말고 발음해야 한다.

예 やま 야마 산　　ゆめ 유메 꿈　　よやく 요야꾸 예약
よむ 요무 읽다

よる
밤

ゆうびん
우편

やま
산

• **쓸 때는 이런 점에 주의하세요.**

や: 필순에 유의하며 쓰도록 한다.

	필순	쓰기 연습						
や 야	つ う や	や	や					
ゆ 유	ㅣ ゆ	ゆ	ゆ					
よ 요	- よ	よ	よ					

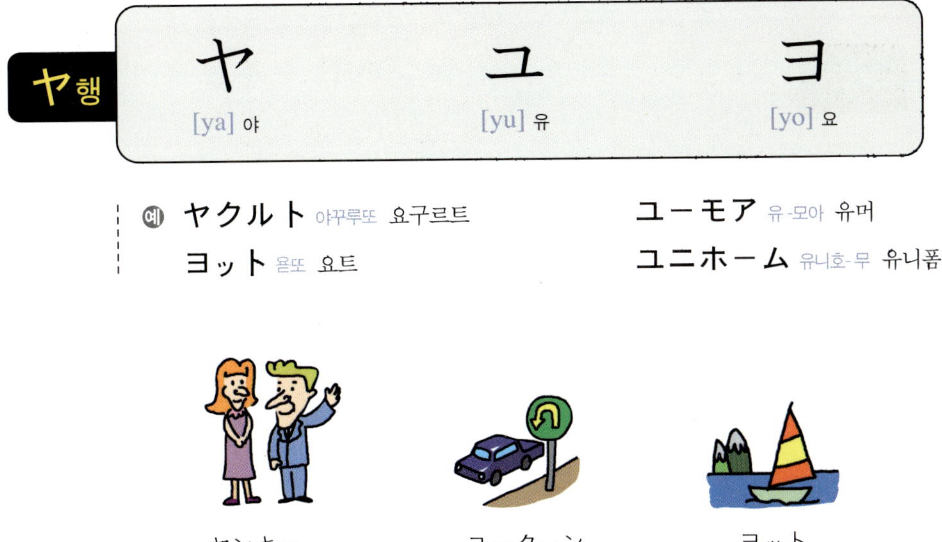

ヤ행

ヤ	ユ	ヨ
[ya] 야	[yu] 유	[yo] 요

예 ヤクルト 야꾸루또 요구르트

ヨット 욛또 요트

ユーモア 유-모아 유머

ユニホーム 유니호-무 유니폼

ヤンキー
미국사람(Yankee)

ユーターン
유턴

ヨット
요트

• 쓸 때는 이런 점에 주의하세요.

ユ: カ행의 コ(코)자와 구분이 가도록 써야 한다.

	필순	쓰기 연습						
ヤ 야	ヤ	ヤ	ヤ					
ユ 유	ユ	ユ	ユ					
ヨ 요	ヨ	ヨ	ヨ					

ら행

ら	り	る	れ	ろ
[ra] 라	[ri] 리	[ru] 루	[re] 레	[ro] 로

• **발음 설명**

우리말의 「라 · 리 · 루 · 레 · 로」와 거의 비슷하다.

＊ 주의 る[ru]: 입술을 내밀지 말고 발음해야 한다.

예 さら 사라 접시　あり 아리 개미　さる 사루 원숭이
れきし 레끼시 역사

るり
유리(글라스)

せびろ
신사복

からす
까마귀

• **쓸 때는 이런 점에 주의하세요.**

り: 2획을 길게 써야 한다.
る: ら행의 ろ(로)자와 혼동하지 않도록 주의해야 한다.
れ: な행의 ね(네)자와 혼동하지 않도록 주의해야 한다.

	필순	쓰기 연습						
ら 라	` ら	ら	ら					
り 리	ｨ り	り	り					
る 루	る	る	る					
れ 레	ｌ れ	れ	れ					
ろ 로	ろ	ろ	ろ					

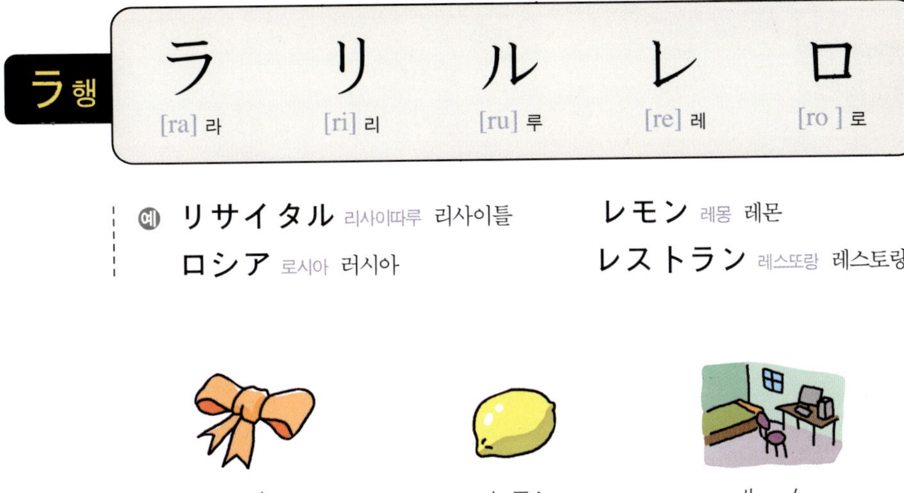

ラ행

ラ	リ	ル	レ	ロ
[ra] 라	[ri] 리	[ru] 루	[re] 레	[ro] 로

예 リサイタル 리사이따루 리사이틀　　レモン 레몽 레몬

ロシア 로시아 러시아　　レストラン 레스또랑 레스토랑

リボン
리본

レモン
레몬

ルーム
룸, 방

• 쓸 때는 이런 점에 주의하세요.

レ : さ행의 し(시)자와 혼동하지 않도록 주의해야 한다.

	필순	쓰기 연습						
ラ 라	ラ	ラ	ラ					
リ 리	リ	リ	リ					
ル 루	ル	ル	ル					
レ 레	レ	レ	レ					
ロ 로	ロ	ロ	ロ					

わ/ん행

わ	を	ん
[wa] 와	[wo] 오	[ŋ] 응

• **발음 설명**

우리말의 「와 · 오 · 응」과 거의 비슷하다.

＊주의 を[wo]: あ행의 「お」와 발음은 같으나 조사 「을/를」로만 쓰인다.
ん[ŋ]: 「응」과 「으」 사이의 발음으로 뒷발음의 영향에 의해
「ㅁ · ㄴ · ㅇ」 등과 같은 소리로 들린다.

예 わるい 와루이 나쁘다　　わいろ 와이로 뇌물　　わかす 와까스 끓다
わらう 와라우 웃다　　さんぽ 삼뽀 산책　　べんり 벤리 편리
てんき 뎅끼 날씨

• 쓸 때는 이런 점에 주의하세요.

わ: な행의 ね(네), ら행의 れ(레)자와 혼동하지 않도록 주의해야 한다.

	필순	쓰기 연습						
わ 와	丨 わ	わ	わ					
を 오	一 ち を	を	を					
ん 응	ん	ん	ん					

ワ/ン행

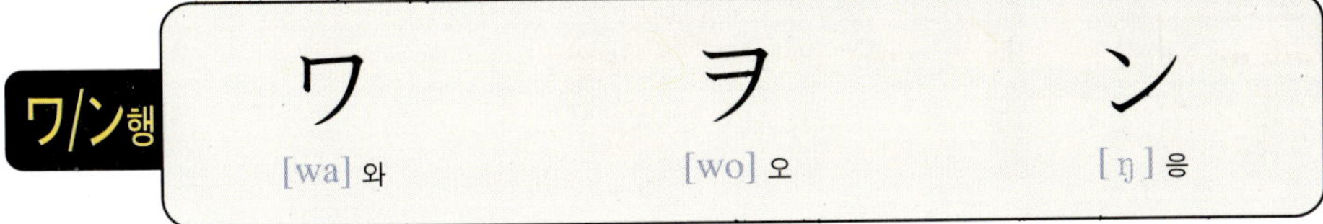

예 ワイン 와잉 와인
ワンマンバス 왐맘바스 차장이 없는 버스
レンタル 렌따루 렌터, 임대
ワイフ 와이후 와이프
アンテナ 안떼나 안테나
メンバー 멤바- 멤버

• 쓸 때는 이런 점에 주의하세요.

ン : サ행의 ソ(소)자와 혼동하지 않도록 주의해야 한다.

	필순	쓰기 연습						
ワ 와	' ワ	ワ	ワ					
ヲ 오	フ ヲ	ヲ	ヲ					
ン 응	、 ン	ン	ン					

내가 먼저 시작하는

주니어 일본어 첫걸음

나도 일본어 할 수 있다 !!
일본어는 이 책 한 권으로 끝낸다 !!
회화, 문법, 발음, 쓰기, 듣기, 단어로 일본어 파워 업하기 !!

저 자	한정화
특별 보너스	플래시 문장 카드 일본어 펜맨십 주머니 속 손가락 회화 학습테이프 1개
판 형	사륙배판
펴낸날	2006년 11월 1일
판매가	13800원

주니어 일본어 첫걸음은 미래를 준비하는 주니어들을 위한 독학 일본어 첫걸음입니다.
이 책은 총 10과로, 학습하는 학생들에게 무리가 없도록 쉬운 표현으로 구성하였습니다.
또한 재미있는 퍼즐과 수수께끼, 노래 등을 삽입하여 즐겁게 일본어에 흥미를 느끼도록 하였습니다.